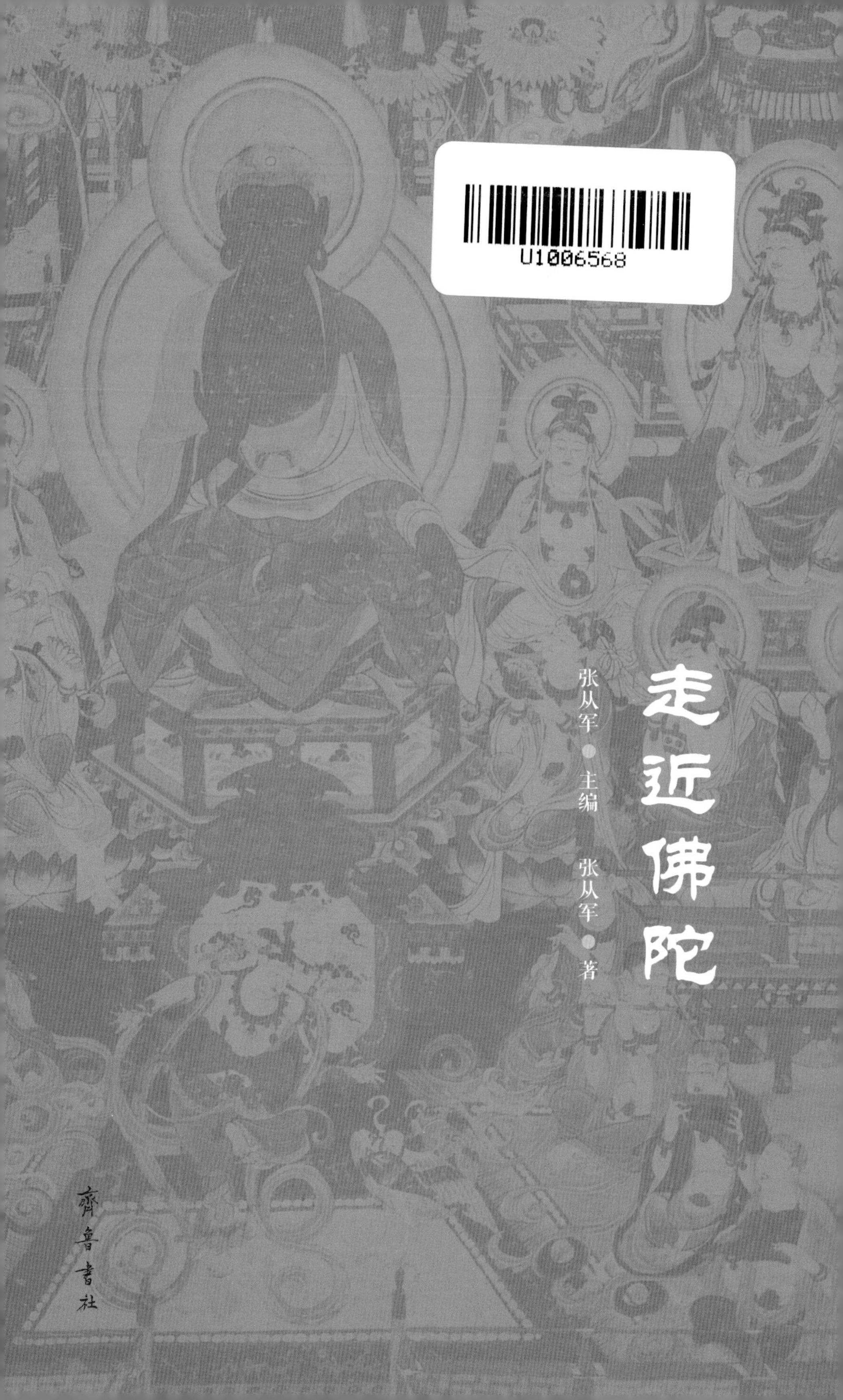

走近佛陀

张从军 主编
张从军 著

齊魯書社

图书在版编目（CIP）数据

走近佛陀/张从军主编. --济南:齐鲁书社,
2021.2
ISBN 978-7-5333-4431-3

Ⅰ.①走… Ⅱ.①张… Ⅲ.①佛像－造像－中国－通俗读物 Ⅳ.①K879.3-49

中国版本图书馆CIP数据核字(2021)第021655号

责任编辑：贺　伟
装帧设计：刘羽珂

走近佛陀
ZOUJIN FOTUO
张从军　主编　张从军　著

主管单位	山东出版传媒股份有限公司
出版发行	齐鲁书社
社　　址	济南市英雄山路189号
邮　　编	250002
网　　址	www.qlss.com.cn
电子邮箱	qilupress@126.com
营销中心	（0531）82098521　82098519　82098517
印　　刷	山东星海彩印有限公司
开　　本	720mm×1020mm　1/16
印　　张	18.75
插　　页	1
字　　数	266千
版　　次	2021年2月第1版
印　　次	2021年2月第1次印刷
印　　数	1—2500
标准书号	ISBN 978-7-5333-4431-3
定　　价	78.00元

序

小时候干农活儿，干到地头都要长喘一口气；大了编书，却怎么也编不完。这几册小书，从选题到完稿，居然花费了十几年的时间！终于熬到类似的图书不断问世，熬到新上任的出版社社长告老还乡。

说起这个题目，还是三十多年前的事，走进刚刚恢复开放的佛教寺院，因无知和疏远，浑然不知所指：佛教寺院的格局为何如此？寺塔为何形制多样？佛的面相、手相究竟都有什么含义？明明是雕刻在山岩上的佛教石造像，为何偏称为石窟寺？而且这个概念还被写进了国家的法律条文之中！种种不明，诸多疑惑，吸引着我们走近佛陀，走近佛陀的世界。

本来想写四册，第一册《走近石窟》，第二册《走近佛寺》，第三册《走近佛像》，第四册《走近佛教》，因为种种原因，只完成了三册。好在有关佛教历史、义理的书比比皆是，毋庸赘言。

斗转星移，改朝换代，中国的佛教也随着历史的进程几经起落，佛教的物质文化更是历尽风雨，留存到今天的已是凤毛麟角。从年代久远的石窟寺开始，在一座座寺院、佛塔的指引下，悄悄地走近佛陀的家族，看看历史留在这里的形象和印记，或许有助于加深我们对佛教的了解。

张从军

2016 年 7 月 7 日

contents

目录

第三章 中国佛陀的历史形象

概述

大凡走进佛教的寺庙或石窟的人，最困惑的就是不认识佛像，不知道这些坐着、站着的造像是谁；他们为什么要摆出那么多不可捉摸的姿势和手势，穿着如此奇形怪状的服饰；这些姿势、手势和衣着都有什么特殊的含义；作为收藏鉴赏者，更困惑于市场上琳琅满目的佛教造像，究竟哪个是真，哪个是假，真的是什么时代的？假的又假在何处？不同地区、不同民族所创造的佛像为什么会有如此令人眼花缭乱的区别和变化？

其次困惑的是为什么要有佛像？而且还有那么多的名号？

考古发现，流传到中原地区最早的佛像是小型的、单体的，如信物、项饰等一样，所刻画的人物也仅仅是释迦牟尼自身。这种怀揣在身上，随时礼拜的小佛像，至今仍在草原和高原地区流传。后来，为了固定供养，佛像的体积增大，其家族成员也逐渐增多。从佛陀开始，有了菩萨、弟子、天王、力士，乃至各种各样的佛、菩萨，造像的世界越来越丰富，形象、服饰、面相、手势也越来越复杂。

将佛像深入千家万户的是佛教的净土宗。净土宗认为念佛有三个法门。一是称念佛号，即口称佛的名号如阿弥陀佛、观音菩萨等，前边还要加上敬语“南无”。“南无”是梵文，意思是“礼敬”“礼拜”，在佛、菩萨的名称前加上礼敬语表明对佛、菩萨的尊重。二是观想念佛，即专心观察和欣赏佛陀形象的美好和佛所居住环境的庄严。三是实相念佛，即从佛的法身上看出“非有非空，中道实相”。这种修习的程序比较复杂，难度太大。但第二种观赏佛及其所在佛国的美好最容易打动人心。于是，佛陀及其家族成员就在中土大地生根开花，繁荣发达起来。

走出印度的佛陀，走过了两千多年历史的佛教造像，在进入中土大地之后，不知不觉就被中土的文化融合和同化，被纳入中华民族的社会生活和宗教信仰范畴，并被历代的善男信女们打扮得五彩缤纷，组合到理想的社会，组合到浓郁的人间香火之中，成为佛教世界的君王，佛教民族的长者，佛教家庭的掌门人，成为独具中华文化特色的东亚神像。因此，无论是寺院里的彩塑、木雕，还是摩崖石窟里的石雕、壁画，乃至世俗生活中的鎏金、镀铜，佛陀犹如一家之长，有兄弟，有子女，有朋友，有亲戚，也有心甘情愿跟着他修行苦练的信徒。佛陀还是一个天国里的族群，一个信仰世界里的万象。

揭开蒙在佛陀世界的神秘面纱，走近佛陀的家族和世界，认识千姿百态的佛教造像，可以领略博大精深的佛教文化，可以加深对佛教世界的理解和了解，加深对佛教文化艺术的认识。

第一章　佛陀

一、佛

佛与佛陀

佛是人，是神，还是一门宗教？在中土，一开始并不清楚。

先来看看文献是怎么说的。早期官方记载的有关佛的史书是《三国志》，如《魏书·东夷传》裴注引“西戎传”：“昔汉哀帝元寿元年（前2年），博士弟子景卢受大月氏王使伊存口受《浮屠经》。”这里的《浮屠经》的“浮屠”就是“佛”，《浮屠经》就是《佛经》，佛在这里是宗教的意思。其后，南朝人范晔执笔的《后汉书》说到东汉的佛教，有两条记载，一条是《桓帝纪》：“（桓帝）设华盖以祠浮图、老子。”第二条是《襄楷传》：“又闻宫中立黄老、浮屠之祠。此道清虚，贵尚无为，好生恶杀，省欲去奢。”这里的“浮图”或“浮屠”就是佛，佛是一个人，像老子一样，是一个教主。“祠浮图”就是祭祀佛。

到了南北朝时期，佛和佛教的名称渐渐明朗起来。如《魏书·释老志》所载：

> 浮屠正号曰佛陀，佛陀与浮图声相近，皆西方言，其来转为二音。华言译之则为净觉……凡其经旨，大抵言生生之类，皆因行业而起。有过去、当今、未来……凡为善恶，必有报应。……又有五戒，去杀、盗、淫、妄言、饮酒，大意与仁、义、礼、智、信同，名为异耳。云奉持之，则生天人胜处，亏犯则坠鬼畜诸苦。又善恶生处，凡有六道焉。
>
> 诸服其道者，则剃落须发……行乞以自给。谓之沙门，或曰桑门，亦声相近，总谓之僧，皆胡言也。僧，译为和命众，桑门为息心，比丘为行乞。俗人之信凭道法者，男曰优婆塞，女曰优婆夷。
>
> ……释迦前有六佛，释迦继六佛而成道，处今贤劫。文

言将来有弥勒佛，方继释迦而降世。

……佛既谢世，香木焚尸。灵骨分碎，大小如粒，击之不坏，焚亦不焦，或有光明神验，胡言谓之“舍利”。弟子收奉，置之宝瓶，竭香花，致敬慕，建宫宇，谓为“塔”。

这里的浮屠被改称为“佛陀”，并被明确定义为“净觉”，也就是“觉悟”的意思。这是对“佛”一词的解释。据此，佛是一种宗教。但是，接下来说佛的创始人释迦牟尼成道之前还有“六佛”，将来还有继承释迦牟尼的弥勒佛降世，则又将佛确指为个体的神人。

实际上，当佛教传到中土的时候，出于翻译或者方言的原因，人们并不清楚“佛”“佛教”的确切意思，也不知道佛教是释迦牟尼所创造的。但当众多西域的佛教徒们来到南北朝时代的中原地区后，人们渐渐知道，原来佛教还有像中土神一样的具体形象，这些形象就是“佛”。佛被具象为人格化的神后，又随着不同佛经的理解和传播，分化为不同的艺术形象。这些形象从释迦牟尼开始，先后演化为佛、菩萨、罗汉、弟子以及种种护法神灵，并以宗教的形式演绎出一个佛陀的家族，一个佛国的世界。佛在东亚地区遂成为一种新的神仙体系，新的信仰空间，让顶礼膜拜的善男信女们在眼花缭乱、莫衷一是的同时，意念中又增添了一处长生不老的未来世界。

释迦牟尼和释迦佛

释迦牟尼是佛教的创始人，他是人不是神。按照众多佛教文献的考证，释迦牟尼是释迦族的一个王子，释迦族生活在喜马拉雅山的南麓，今属于尼泊尔的地方。释迦牟尼本名乔达摩·悉达多，因为他创立了佛教而被人们尊称为“牟尼”。“牟尼”的含义就是“贤人”“圣人”，犹如中土称呼“孔丘”为“孔子”、“孟轲”为“孟子”一样，是一种尊称，更是一种定义。释迦牟尼就是“释迦族的圣贤”。

但是，在释迦牟尼生活的时代，没有偶像崇拜，他活着的时候，不提倡偶像崇拜，死后除了传说的头发、指甲被奉为“舍利”，没有留下多少形象的东西。即使百年后他被崇拜神化的时代，传说的释迦牟尼墓葬中出现的形象，也都是象征性的。如以大象暗示释迦牟尼降生，马表示出家，宝座表示降魔，菩提树表示成道，轮子象征说法，塔象征涅槃，等等。传说阿育王曾经将释迦牟尼的骨殖分成84000份，每一份都建造一座佛塔供奉。如上述《魏书》所述，佛的灵骨被命名为"舍利"之后，供奉舍利的"宫宇"就是塔，塔也就是释迦牟尼的象征。如果要追寻最早的释迦牟尼形象的话，矗立的佛塔就是他的相貌，就是他的身躯，就是他的灵魂，也就是他最早亮相世界的佛教形象。后来，凡一心修习传播佛教的僧侣们去世以后，也仿照释迦牟尼的做法，修建一座塔，埋葬自己的骨灰，塔遂成为佛教徒专用的墓葬建筑形式，有多少大德高僧就有多少墓塔，如少林寺的墓塔林、灵岩寺的墓塔林。这也是佛塔林立的原因。

随着佛教的普及，特别是希腊文化对于古印度地区的影响和渗透，佛作为人的形象也慢慢被人们所接受，佛教的偶像崇拜就此诞生。日本大阪市立美术馆所藏方形铜板佛像，释迦佛正面端坐在"亘"形须弥座上，右手上举施无畏印（图1-1），佛像的背面铭文为："延兴四年（474）……敬造释迦佛像一躯。"延兴是北魏的年号，代表的是北朝早期的造像规制。陕西历史博物

图1-1　北魏延兴四年金铜三尊板佛（大阪市立美术馆藏）

图 1-2　陕西固城石黑奴造像碑（陕西历史博物馆藏）

图 1-3　北魏天平二年造像碑
（中国国家图书馆藏拓）

馆藏固城出土的造像碑上释迦石像正面赤足盘膝端坐，背倚舟形背光，两手施无畏印和与愿印，左右胁侍菩萨则双手合十做祈祷状（图 1-2）。其铭文为“太岁丁未（527）……石黑奴为亡父母、亡妇儿敬造释迦石像一躯”。这里的“丁未”是北魏时的纪年。中国国家图书馆藏惠究道通拓片，释迦佛端坐在舟形背光中间，施说法印，左右胁侍菩萨侧向释迦佛。（图 1-3）。其铭文为“大魏天平二年（535）八月一日比丘惠究道通敬造释迦石像一躯……”山东青州龙兴寺出土的佛教造像中有一座三尊造像碑，主像和菩萨虽然头部都已残缺，但造像碑背面残存铭文有“造释迦”字样，说明这一造像碑的主佛是释迦牟尼佛。释迦佛和其胁侍菩萨都呈站立的形态，释迦佛右手施无畏印，左手施与愿印（图 1-4）。临朐明道寺遗址出土的一尊造像碑，背面铭文为“佛弟子刘天恩敬造释迦牟尼像一躯”，时代是武定元年（543）。诸城市体育场出土的三尊造像碑主佛及其胁侍形式和龙兴寺一样，三尊皆背依舟形背光站立，主佛也是施无畏印和与愿印，背面铭文为“大魏武定三年……佛弟子士继叙敬造释迦石像一躯”（图 1-5）。山东鄄城亿城寺遗址出土的造像碑铭文所造佛像也是“释迦石像”，时间是“大齐皇建元年”（560）。西安灞桥区湾子村出土的石佛立像底座铭文为“释迦玉像一区”，时间是北周大象二年（580）（图 1-6）。

北朝如此，远在江南的南朝同样认为释迦牟尼就是佛。如四川成都西安路出土的一佛四菩萨造像碑，背面铭文有“中大通二年（530）七月八日比丘晃藏奉为亡父母敬造释迦石像一躯”，

图 1-4　山东青州龙兴寺造释迦（青州市博物馆藏）

图 1-5　山东诸城武定三年造像碑（诸城市博物馆藏）

图 1-6　北周大象二年张子造释迦像（西安碑林博物馆藏）

其上为释迦牟尼树下成佛等浮雕，正面为一佛四菩萨，菩萨之间还有四弟子，菩萨前还有二力士二护法狮子，中心则是博山炉。佛和菩萨均站立在一起，济济一堂（图 1-7）。四川大学博物馆收藏的梁中大通四年（532）的背屏式造像，其发愿铭文为“齐建寺比丘释僧显发心敬造释迦石像一躯”。梁太清三年（549）背屏式造像铭文为“佛弟子丁文乱为亡妻苏氏敬造释迦双身尺六刑石像一丘”（图 1-8）。西安碑林博物馆藏北魏太和二十年（496）扈氏一族佛造像，主佛铭文为“释迦文佛”（图 1-9）。释迦文

图 1-7　四川成都梁中大通二年造像碑（成都市文物考古研究所藏）

图 1-8　四川成都梁太清三年造像碑（四川大学博物馆藏）

图 1-9　北魏太和二十年扈氏一族造像（西安碑林博物馆藏）

佛盘膝端坐在佛龛内，左右两胁侍菩萨。这里的佛名为何又增加了一个“文”字？后世佛教名号阐释者说，古代天竺语，“释迦”就是“能”，“文”就是“儒”，合起来就是“能儒”。这是望文生义的牵强附会，是早期佛教翻译的套路，如东汉时期将佛教等同于黄老之学一样。让释迦牟尼“能儒”，其实就是将孔子的光环加在释迦牟尼佛身上，希望释迦牟尼的佛学像中土的儒学一样，深入人心，家喻户晓。

无论是北方还是南方，在释迦就是佛的认识上没有任何差异。不同的是名称，有“释迦牟尼像”“释迦石像”“释迦玉像”“玉释迦像”，还有释迦双身像。种种以释迦命名的佛像在南北朝时期被民间所接受，并诉诸发愿造像的行列之中，说明这个时期的人们相信释迦牟尼就是佛，而且，释迦这个族称也成了佛的简称，没有人会去较真理会释迦究竟是一个族称还是释迦牟尼的简称，还是佛法的代称。信徒们重视的是被打上释迦标签的外来宗教，是从来都没有见过的宗教形象，这个形象和中土民间的西王母、东王公等神灵不一样，他站着的时候两足赤裸，而且还呈外八字的形式，坐着的时候则是盘起双腿，而且还是正面盘膝的样子，与传统的屈膝危坐大相径庭，他的手也与中土的习惯不一样，右手举在胸前，等等。如此怪异的形象和姿势，表明的都是一个意思：这是一个外来的大神，也就是时人所称的“胡神”。

到了唐代，释迦牟尼佛的基本形象依然没有改变，如山西芮城县博物馆所藏出土于风陵渡的单体释迦坐像，释迦牟尼盘腿端坐在八边形须弥座上，左手搭在左膝上，右手上举，虽然手指残缺，但其手势应该还是做出施无畏印的样子（图 1-10）。底座周圈铭文为：“大周长安三年（703）……佛弟子张思卿、思卿弟虔璧造释迦牟尼像一躯。”五台山南禅寺大佛殿的彩塑释迦牟尼佛，袒露右肩，神态安详，结跏盘膝，端坐在须弥座上（图 1-11）。山西平遥镇国寺万佛殿是五代时期的，主尊释迦牟尼左手平放在膝盖上，右手上举施无畏印，其五指却都微微内屈，不知何意（图 1-12）。

综合北朝至唐代释迦佛的造像特征，无论是线刻还是浮雕，是坐像还是立像，一个基本的手势特征是说法和无畏印及与愿印，

图 1-10 山西芮城长安三年造像（芮城县博物馆藏）

图 1-11 五台山南禅寺唐代释迦牟尼佛塑像

图 1-12 山西平遥镇国寺释迦牟尼塑像

头后有圆光，身后是舟形背光。若是坐像，就是正面盘腿坐，而不是中土传统的跪坐和侧身坐；若是站相，就正面分腿赤足站立，而不是传统的侧面躬身的样子。因为在此前的汉代图像中，一般身份的人物只有侧身的份儿，没有正面直立或坐视的形式，如果有正面的形象，要么是天子如“周成王”，要么是神人如西王母、东王公。让释迦佛正面端坐或站立，其实就是将其推到了至高至尊的地位，列入了圣王神仙的阵营。而释迦佛发髻高耸，露胸跣足的形象，也让中土的神仙帝王们不得不刮目相看，使其以前所未有的外在特征跻身于中土神仙行列。这是佛教初传中土最原始的形象，也是中土善男信女们所接触到的第一印象。另外，让释迦佛做说法相和施无畏印及与愿印，也旨在说明释迦牟尼佛就是一个讲经的人。

施无畏印和与愿印，是佛像的基础手相，施无畏印是降伏外道，施与愿印则是满足信徒的愿望。如西安碑林博物馆藏释迦牟尼降伏外道的大理石造像碑，碑座右侧正面镌刻着“释迦牟尼佛降伏外道时”字样。碑身的释迦牟尼佛右手上举，掌心朝上，像是要托着一件东西的样子，手掌上方为一圆圈，圈内是一骑坐在两头兽身上的“外道”，左手下压，左下角圆圈内是骑在两头鸟身上的“外道”（图 1-13）。右手上举是施无畏印，可以降伏外道，且手掌托出圆圈中的外道身着军服，但左手下压的圆圈内同样是军人形象的外道。上抬和下压所指，都是外道。可见，这

图 1-13 降伏外道造像碑（西安碑林博物馆藏）

里的释迦牟尼佛左右手所施都是无畏印。佛教所谓的“外道”，是释迦牟尼成佛之前的古印度宗教，据说有几百种，其教义曾经影响过释迦牟尼，有的也与释迦牟尼不同，凡是影响释迦牟尼成佛以及妨碍其传道的宗教，都被认为是“外道”。而外道也是信仰佛教最大的魔障，必须破除，才可以进入清净世界，领悟释迦牟尼佛教的真谛。这尊造像碑以直观清晰的形象，表现了释迦牟尼佛手施无畏印的作用，那就是辟除外道异教，为自己说法创造一个良好的环境，同时暗示着辟除一切影响说法、信法的魔障。

另外，释迦牟尼佛的服装表现，或者着通肩大衣，或者着覆肩大衣，通肩可以露出脖子及胸的一部分，覆肩则是将衣服披在肩上，露出右肩的内衣。而袒露右肩的着衣方式，也是印度及南亚地区常见的着装。如《大唐西域记》卷二所载，印度“男则绕腰络腋，横巾右袒”，完全是舶来的装束方式。

太子像

太子像是释迦牟尼成佛之前的形象，其特征是儿童，故称为“童子像”或“太子像”。

中土最早的童子像出现于东汉晚期的沂南汉墓画像石中，该童子形象为正身站立，着束腰裙裤，头后有一圆形头光，两手抄在一起（图 1-14）。该童子像位于沂南汉墓中室八角立柱南北侧面的上端，而处于东西两面上部的人物则是东王公和西王母，在南面的童子之下还有一位仙人（图 1-15）。如此处理，表明该童子的地位不但和西王母、东王公并列，而且高于其他仙人。童子像能够和西王母、东王公一样，被安排在仙人的世界，说明童子也是一方神灵，而且是南北两个十分重要的方位神。位居南北两面，说明童子是来自南方和北方的神仙。传统信仰世界只有东西方神仙及其世界，没有南北方的主宰。童子像分列南北两侧，弥补了这一缺陷，从而圆满了东西南北都有神灵的神仙世界。

将佛教的童子像安排在南北两侧，也是事出有因。因为，早

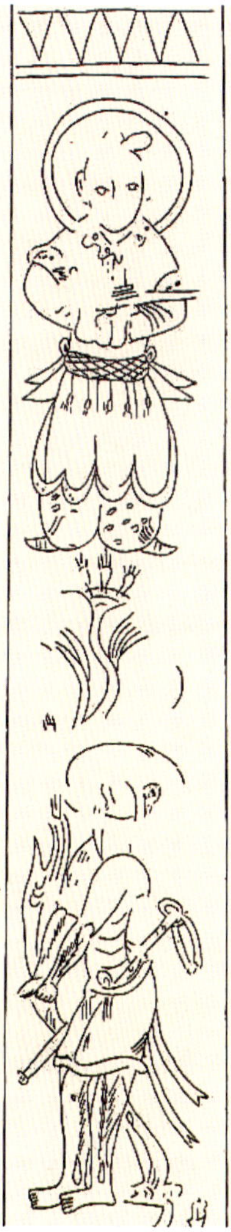

图 1-14　沂南汉墓中室立柱北侧童子

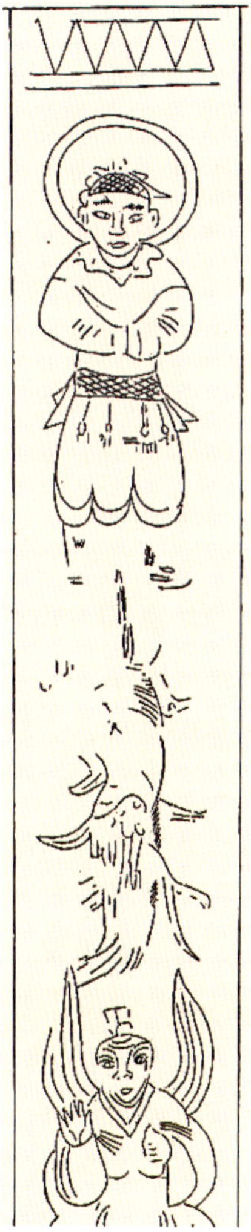

图 1-15　沂南汉墓中室立柱南侧童子

期的佛教来自外族，两汉时期最大的外族就是北方的“胡人”，也就是匈奴民族。综观早期文献记载，都说佛教是匈奴民族的信仰神。汉民族通过和匈奴的战争，获得了佛教的信息，并将佛教“金人”（佛教金铜造像）引进，顶礼膜拜。《魏书·释老志》说：汉武帝“元狩中（前 122—前 117），遣霍去病讨匈奴……昆邪王杀休屠王，将其众五万来降。获其金人，帝以为大神，列于甘泉宫。金人率长丈余，不祭祀，但烧香礼拜而已。此则佛道流通之渐也”。这件传闻，在当时南方的梁朝也有记载。刘孝标（462—521）注《世说新语·文学》篇引《汉武故事》说：“昆邪王杀休屠王，以其众来降，得其金人之神……上使依其国俗祀之。此神全类于佛。”这些传说都认为，浮屠是匈奴供奉祭祀的天神，而匈奴主要居住和活动于北方地区，因此，佛教可以说是北方草原民族的崇拜对象。沂南汉墓中室立柱将童子像安排在北方，应该就是受北方传说的影响。因为，一般情况下，北方的方位神灵是玄武，是牵扯生杀予夺的辟邪类神灵活动的地方，这里的画像作者却将玄武和手持武器的神灵安排在了立柱的东侧面，玄武成了东王公的麾下。将童子像和辟邪的玄武置换的做法表明，童子像同样具有辟邪的本领，甚至比玄武的能量还大还威猛。

和北面对称，立柱南面也有一位站立的童子，不同的是，这位童子之下还有一位坐着的仙人。童子和仙人和平共处的形式又告诉人们，佛教还是南方的神灵。因为，史书记载，佛教传播到中土之后，最早在民间推广佛教的是徐州一带的楚地，而相对于山东的沂南汉墓来说，楚地就在南方。将童子像安排在南方，说明沂南汉墓的画像作者也认为佛教来源于南方。

佛教是草原民族的大神传说，是早期佛教认知的特征。随着中西交通的频繁和密切，有关佛教来源的认识也逐渐清晰起来。到东汉晚期，就有关于佛教出自天竺国的记载。佛教史上最著名的《四十二章经》序云：“昔汉孝明皇帝，夜梦见神人……明日问群臣，此为何神也？有通人傅毅曰：‘臣闻天竺有得道者，号曰佛，轻举能飞，殆将其神也。’”东汉晚期成书的《牟子理惑论》也称佛教来自天竺。

天竺是佛教的发源地，可能与佛教的海路传播有关。《后汉书·楚王英传》载，楚王晚年“更喜黄老，学为浮屠，斋戒祭祀”。明帝诏书也说：“楚王诵黄老之微言，尚浮屠之仁祠，洁斋三月，与神为誓。”楚王所处，在今江苏和山东交界处，其地是黄河下游最主要的经济文化交流中心，也是宗教思想比较活跃的地区，还是对外海上交流的重要通道。在楚王刘英信奉佛教的同一地区，又出了一个叫笮融的人物也在这里大兴佛事。笮融是东汉晚期人，《三国志·吴志·刘繇传》载，丹阳人笮融因为和徐州刺史陶谦是同乡，曾经投靠陶谦，被任命为广陵（今扬州）、下邳（今江苏宿迁）、彭城（今徐州）三郡的粮食运输督管和下邳相。信仰佛教的他，曾经侵吞三郡钱粮修建佛寺，“以铜为人，黄金涂身，衣以锦采，垂铜盘九重，下为重楼阁道，可容三千余人，悉课读佛经”。这是中国除了京师洛阳，最早建立佛教寺院并供奉佛像的地区。沂南汉墓所在的地区毗邻徐州，在其画像中出现佛教图像，绝不是偶然现象，而是与该地区长期推崇佛教思想文化有关。另外，这里之所以能够率先接受佛教，还与该地区浓厚的宗教传统有关。如对两汉社会有着重大政治影响的黄老思想，就出自黄河下游地区，原始道教的《太平清领书》也诞生于此。几乎与佛教在这里传播的同时，道教也逐渐在此昌盛发达起来。正是在这样的原始宗教土壤和环境中，才出现了佛教题材的图像。

除了地方官员的个人因素，这个地区最早接受佛教的传播，恐怕还有一个因素就是海上交通。得益于海上交通，黄河下游的北部产生过著名的神仙思想，而东汉晚期中国南方与海外的交往，也促进了佛教在黄河下游南部地区的流行。徐州地区佛教事业的兴旺，应该与当时南方的海路传播有关。

确立童子像为佛教形象的还有童子和力士的组合。立柱北面的童子下有一个拔树的力士，该力士腰佩长剑，赤裸着双臂和双腿，正在用力拔身边的大树。力士形象，在画像石中的表现有孔子的弟子子路，有被晏婴以“二桃”除掉的“三士”，有移山开路的“五丁力士”及力能举鼎的孟贲等。但他们在画像石中，除了五丁力士和孟贲有辟邪成分，多是为了表现其忠义思想。这里的力士被安排在紧靠童子的身边，可能与后来佛与力士的形象组合有关。

立柱南面童子像之下的仙人，肩生羽翼，被一身着虎纹的羽人托举着，其形象特征和东王公一样正面端坐，但其右手上举的样子则有些像佛教形象中的施无畏印。因为，在此之前的神仙图像，无论是西王母还是东王公，除了正面端坐，两手均抄在一起，虽然抄手也是外来的习惯，但正面形象的神仙将右手扬起的奇怪手势则少见，因此，根据该仙人和童子同处一立柱侧面，且占据立柱中心位置的布局形式，可以推断，这仙人也应该与佛教有关。如果说童子像表现的是释迦牟尼出家前的形象，那么这位正面端坐的仙人应该是修道后的释迦形象。

童子像的另外一个重要标志是服饰，如腰间的围裙、肥大的裙裤、带有花纹的腰带以及腰带上悬挂的饰品等，都不是常见的汉服汉饰，也不是后来的佛装。还有其叉开腿站立的姿势、收紧的袖口及抄着的双手等，无一不透露着异国他乡的奇特习俗。这种奇装异服和行为举止，让两位童子最早暴露了佛的身份。

多宝佛

多宝佛是东方世界宝净国的佛，也是一尊塔佛。《法华经·见宝塔品》云："释迦牟尼佛，以右指开七宝塔户。……即时一切众会，皆见多宝如来，于宝塔中，坐狮子座，全身不散，如入禅定。……尔时多宝佛于宝塔中，分半座与释迦牟尼佛。"《大智度论·佛土愿释论》则说多宝佛"后化佛身及七宝塔，证说《法华经》故，一时出现"。

塔是埋藏释迦牟尼灵骨舍利的，也就是释迦牟尼的坟墓，多宝佛化身坟墓之中的佛，自然也是释迦牟尼的化身。因为这一缘故，后来的多宝佛成为佛教造像阵营之中唯一的塔佛。也可能因为这一层关系，所以多宝佛总和释迦牟尼佛一起，成双成对地出现在世人的面前。如山东博兴龙华寺遗址出土的北魏太和二年（478）铜造像，在四足床上矗立的舟形背光上，二佛并坐，床后左右足上有铭文："王上为亡父母造多宝相一躯。"王上所造释迦多宝佛像，虽然同端坐在一座胡床上，同拥有一座寺院，释迦和多宝却各有自己的背光头光，说明两尊佛像还是各有各的世界天地（图1-16）。日本根津美术馆收藏的一尊北魏太和十三年（489）金铜二佛并坐像，四足床背面刻铭文："九门县南芗村宽法生兄弟四人为亡父母造释迦多宝，愿使亡者生天，常以佛会，故记之。”正面释迦、多宝佛共倚一个宽绰的舟形背光，背光俨然一座壁龛，释迦、多宝身后还有各自的竖长形背光和圆形头光。右侧佛像右手高举至肩头，施无畏印，左侧佛像则两手施禅定印。两尊佛像手势的不同表明，施无畏印的坐佛可能是释迦牟尼，施禅定印的则是多宝佛（图1-17）。九门县为汉代所设置的县，位于今河北省藁城。两尊佛像一个施无畏印，一个作禅定印，说明南北朝时期，人们已经从手相上对释迦和多宝进行了区别。禅定的形象就是静止的姿势，而施无畏印则是动态的样子，释迦牟尼是佛法的创始人，是佛教的导师、祖师爷，当然要以讲说佛法为己任，而多宝佛作为塔佛，作为释迦牟尼灵骨的化身，自然是静止的，将其定义为禅定的形象，也正好符合了塔佛的身份。

二佛并坐且有明确铭文注释和多宝佛有关的还有山东博兴龙华寺遗址出土的铜造像，其舟形背光上也是二佛并坐，背面铭文：

图 1-16 山东博兴龙华寺太和二年王上造多宝佛（博兴县博物馆藏）

图 1-17 北魏太和十三年金铜释迦多宝像（日本根津美术馆藏）

图 1-18　山东博兴龙华寺北魏正始四年多宝佛铜像（博兴县博物馆藏）

“正始四年（507）十二月六日，阳信县人张铁武造多保（宝）像一躯。”（图 1-18）释迦和多宝佛共同端坐在一个大的舟形背光前，背光上方中间还有一尊坐佛。同样形式的还有石景之造像，时代是北魏景明元年（500），两尊造像如出一辙，不同的是石景之造像铭文只是说“为父母造像一躯”，没有明确说这两尊佛像是释迦和多宝佛（图 1-19）。山东惠民县玉林寺遗址出土的背屏式石造像同样是释迦、多宝双佛并坐，其中左侧佛像头部残缺，右侧佛像头后为圆形头光，左右两手上下施无畏印和与愿印，台座铭文，“大魏武定八年（550）”，比丘“昙朗造多宝石像一区”（图 1-20）。西安碑林博物馆藏的西魏释迦多宝千佛造像碑，碑身密密地镌刻了 22 层千佛小像，中部偏下凿一佛龛，内置释迦、多宝，其中右侧释迦施无畏印，多宝则施禅定印。其坐姿和手势

图 1-19 山东博兴龙华寺景明元年多宝佛铜像（博兴县博物馆藏）

图 1-20 山东惠民武定八年多宝佛（惠民县博物馆藏）

与北魏年间的差不多，可见，这样的模式是当时流行的范本（图1-21）。如此形式的多宝佛在云冈石窟中也随处可见。西安碑林博物馆旧藏隋代千佛造像碑背面上层中心双佛共坐在一个须弥座上，其中右侧右手上举左手扶膝者应该是释迦佛，左侧双手抄在

图 1-21　西安碑林博物馆藏多宝佛千佛碑

一起的是多宝佛（图 1-22）。山东青州龙兴寺北齐天保四年释迦、多宝佛造像碑，左侧的佛像右手举在胸前，左手穿过披帛前伸，做出说法的手势；右侧佛像则只是两手抄在一起，和上述隋代释迦、多宝佛像姿势近似（图 1-23）。这种手势在西安岗家村徐安洛四面造像碑（图 1-24）也有表现。由此可知，在释迦、多宝的组合之中，两位主佛还是有所区别的，那就是释迦说法，多宝静听。

图 1-22　西安碑林博物馆旧藏隋千佛碑释迦多宝塑像

图 1-23 山东青州龙兴寺北齐天保四年释迦多宝佛造像（青州市博物馆藏）

图 1-24 北魏景明二年徐安洛四面造像碑（西安碑林博物馆藏）

说法的右手举起，施无畏印；静听的则两手抄在一起，做禅定的样子。

综合南北朝时期多宝佛的形象，其典型特征是双佛并坐，且释迦在右，多宝在左，释迦手施无畏印，多宝则施禅定印。但是，造像铭文的表现是两尊佛像只有一个名字，那就是“多宝相”或“多宝像”。或许，当时的人们认为，所谓多宝佛就是双身佛，如同四川大学博物馆收藏的铭文为“释迦双身佛”一样，两尊佛形象大同小异，都是佛，多宝不过是佛的化身而已。多宝佛既然来自释迦牟尼灵骨所在的佛塔，当然也就是释迦佛的化身了，而表现化身的方式就是复制，就是双佛并在。

弥勒佛

弥勒佛是未来佛。传说弥勒本来是释迦牟尼的弟子，因为聪慧而被释迦牟尼选中做自己的接班人。为此他要在释迦牟尼之前涅槃，去往兜率天等待着释迦牟尼涅槃后下生为佛，担当佛教传播的重任。因此，弥勒佛也就成为人们寄托未来希望的佛，是未来世界的精神领袖。在石窟雕塑、壁画或造像碑的整体布局之中，弥勒往往被安排在上部，表明他虽然是从众菩萨中选中的释迦牟尼继承人，但已开始先释迦牟尼涅槃，到兜率天上做好下生为佛的准备了。前秦鸠摩罗什翻译的《弥勒下生经》则明确地告知大众，这个时期弥勒已经下生成佛，可以和释迦佛一样帮助人们解脱苦难，寿至八万四千岁。信仰弥勒，可以长生不老，也正好吻合了中土人们的希望和理想。

在具体形象上，弥勒佛有三种形态：一是菩萨装的弥勒菩萨，二是佛装的弥勒佛，三是罗汉装的欢喜佛。在西部丝绸之路沿线，菩萨装的弥勒形象出现的时间可以追溯到十六国时期。中原地区，弥勒佛信仰和其偶像崇拜则集中出现于北魏晚期和东魏时代。此后的隋代和唐武则天称帝时期，弥勒信仰也比较普遍。罗汉装的弥勒佛是一尊大腹便便的欢喜佛，出现在五代两宋时期的江南地区，明清两朝多被安排在寺院的第一座殿堂之中，以欢笑的姿态取代了观音菩萨，成为佛陀的接引之神。

菩萨装的弥勒佛，出现的时代最早，在十六国时期的敦煌洞窟中，就已经有了这样的彩塑形象，表现的是弥勒在兜率天上候补的情景。敦煌莫高窟第 275 窟是北凉时期（397—439）的石窟，其中的彩塑弥勒像着菩萨装，两腿交叉倚坐在梯形方座上（图 1-25）。菩萨的服饰表明，弥勒尚处在候补佛的阶段，还没有接替释迦牟尼主宰佛教世界。另外，弥勒菩萨两腿交叉呈“X”状的坐式，也成为识别早期弥勒菩萨的标志性姿势。云冈石窟第 17 窟明窗东侧上端佛龛，主尊是交脚弥勒，弥勒头戴花冠，右手上举施无畏印，左手扶在左膝上，左右各一思维菩萨。其下为释迦、

图 1-25　敦煌莫高窟第 275 窟彩塑弥勒像

图 1-26 云冈石窟第 17 窟北魏弥勒塑像

多宝佛龛，再下为太和十三年（489）题记（图 1-26）。这尊交脚弥勒从其着装可以知道，还是菩萨的形象，其所处位置，高于释迦、多宝佛龛，说明还在兜率天的阶段，准备下生到人间。另外，这尊交脚弥勒也和敦煌石窟北凉弥勒一样。云冈第 9 窟的雕凿时代和第 17 窟相近，前室北壁的弥勒菩萨像，虽然也是交脚坐，但其手势与前不同，这里的弥勒呈两手合十的样子（图 1-27）。弥勒菩萨双手合十做礼拜的样子，说明也是菩萨阶段的身份。两尊弥勒手相的不同，表明的可能是其所处的不同阶段：两手摊开和施无畏印都是释迦佛的手相，而两手合十则是礼佛的举动，是标准的菩萨或弟子的手势。手相的不同，说明除了交脚坐姿，弥勒菩萨的形象还没有程式化，也没有固定的要求。何以会有不同手相的变化？也许出自雕凿人的自我理解。

西安碑林博物馆收藏的北魏交脚弥勒造像碑中，弥勒也是着菩萨装，大衣蔽膝，两足裸露在外，呈交脚的样式，两手合十（图 1-28）。同馆藏西安西郊空军通讯学校出土的北魏弥勒造像碑，

图 1-27　云冈石窟第 9 窟北魏弥勒塑像

图 1-28　北魏交脚弥勒造像碑（西安碑林博物馆藏）

图 1-29　西安空军通讯学校出土弥勒造像碑（西安碑林博物馆藏）

着菩萨装的弥勒则将双手前后叠压，右手遮着左手的手背，弥勒两侧也有两位思维菩萨（图 1–29）。河北临漳太平渠出土的北齐弥勒七尊像中，弥勒着菩萨装交脚坐在须弥座上，左右两侧有剃发的比丘、螺髻的比丘，还有菩萨。其背光背面则是释迦、多宝佛（图 1-30）。1950 年西安南郊塔坡清凉寺出土的隋代交脚弥勒菩萨，头戴宝冠，身着华丽的菩萨装，三串瓔珞佛珠下垂到两腿交叉处（图 1-31）。这些弥勒像，无论是礼拜还是坐禅以及思维，所表现的都是弥勒在天上的光景，也就是《弥勒上生经》所

图 1–30　河北临漳出土弥勒造像（河北省文物研究所藏）

定位的空间。

交脚弥勒之外，还有半跏双身的弥勒像。如河北藁城北贾同村出土的双身弥勒透雕造像碑，两位弥勒菩萨作思维状，对称倚坐在舟形背光前。其座下为站立的佛。台座铭文："河清元年（562）八月廿日建忠寺比丘尼员度门徒等……敬造白玉弥勒□坐像一躯。"造像背面也是两位对称的佛，作半跏坐，其脚下还各有一个童子托着垂下来的脚。这种双身思维菩萨和双身半跏佛的形式比较少见。或许是造像者将弥勒寄托到释迦、多宝的阵营之中了（图 1-32）。

弥勒菩萨或弥勒佛的坐姿还有两腿平行下垂的姿势。如西安碑林博物馆旧藏的北周释迦弥勒造像碑，释迦在下，弥勒在上，

图 1-31 隋交脚弥勒像（西安碑林博物馆藏）

图 1-32 藁城半跏弥勒（正定文物保管所藏）

释迦盘腿，弥勒垂足。据此可知，和北周四面造像碑中的垂足菩萨装的佛像一样的，也应该是弥勒像（图 1-33）。隋代的一座千

图 1-33　西安碑林博物馆旧藏北周垂足弥勒造像

佛造像碑，中间佛龛内垂足而坐的主尊也是弥勒，因为千佛是未来佛，弥勒也是未来佛，和千佛共处一个空间且唯一的佛龛，应该也是弥勒佛(图1-34)。唐代元和二年(807)赵慎所造的弥勒像，头戴宝冠，身着菩萨装，垂足倚坐在舟形背光前，左右两弟子侍立(图1-35)。弥勒虽然和释迦、多宝等都有高高在上的座位，

图1-34　西安碑林博物馆旧藏隋千佛弥勒造像

图 1-35　唐元和二年赵慎造弥勒菩萨像（西安碑林博物馆藏）

但弥勒并没有将两腿收起，盘膝而坐，而是将两足自然下垂，也不再作交脚的姿势，说明弥勒的自由度再次增加。因为，交脚的姿势其实就是将盘着的腿放到座位前面，而平坐变成垂足，两腿平行下垂，则将交叉的姿势解放，更自然，也更自由。这种不按规矩坐的姿势表明，弥勒就是佛教的孩童，也是其年轻的标志。

弥勒还有站立的形式。1976 年河南荥阳大海寺遗址出土的弥勒菩萨，曳地衣裙被撩起搭在左腕上，赤足立于莲花座上，底座铭文："弥勒菩萨一躯，更子之年十月戊午……"这里的"更子"应为"庚子"，盛中唐时"庚子"年有二：一是唐肃宗上元元年（760），二是唐宪宗元和十五年（820）。肃宗时期正值安史之乱，百废待兴，因此弥勒菩萨造像应是宪宗时期制造（图 1-36）。山西洪洞广胜寺上寺毗卢殿元代的弥勒菩萨，头戴宝冠，身着华丽的菩萨装，右手前伸，赤足站立，做出普度众生的样子（图 1-37）。这种形式，表现的其实就是弥勒下生的样子。弥勒虽然还是菩萨的身份，

图 1-37 山西洪洞广胜寺上寺毗卢殿元代弥勒菩萨

图 1-36 河南荥阳大海寺唐
弥勒菩萨（郑州市博物院藏）

但他已经准备走向尘世。这种姿势也表明，释迦牟尼已经涅槃，弥勒很快就会下生人间，接替释迦牟尼充当佛国新的主宰。

佛装的弥勒，是弥勒已经下生的样子，也就是已经穿好了佛的服装，准备取代涅槃的释迦牟尼走进民间。佛装的弥勒佛也有三种样式：一是交脚的形式，二是垂足的形式，三是站立的形式。交脚佛装的弥勒像开始于北魏时期。如西安碑林博物馆藏出土于西安市西关的北魏释迦弥勒造像碑，上层龛中的弥勒，头绾发髻，身着佛装，佛衣遮挡了下身，但裸露的双脚还是作出了交叉的样子，其手势则是施无畏印和与愿印（图 1-38）。同馆收藏的陕西兴平出土的北魏皇兴五年（471）弥勒佛像，身着通肩大衣，头

图 1-38　西安西关北魏释迦弥勒造像（西安碑林博物馆藏）

上是波状发髻，两腿交叉，两手合十，背倚舟形背光。背面是佛传和佛本生故事画像及造像铭文。铭文有“大代皇兴辛亥（471）”年号，因为铭文下半部残缺，弥勒名号不全。这尊造像碑，虽然弥勒交脚和双手捧在胸前，还带有菩萨的特征，但弥勒已经穿上了佛装，说明人们已经认可了他的身份，开始替代释迦牟尼行使佛陀的职能了（图 1-39）。该馆旧藏刘保生夫妇所造“石弥勒像”也是着佛装，但弥勒的两手不是合十的样子，而是前后相叠，施禅定的手印（图 1-40）。根据刘保生在北魏景明三年（502）造的另一尊阿弥陀佛像铭文，可知该弥勒像碑的制作大约也是这个时期。西安西郊潘家村出土的西魏大统三年（537）造像碑正面为上下两龛，上层主尊着佛装，但右脚露到裙摆的外边，左右是半跏思维菩萨（图 1-41）。这位佛装的主尊也是下生的弥勒佛。

四川成都出土一尊弥勒成佛造像碑，其形象是交脚弥勒，旁边铭文为“齐永明八年（490）……比丘释法海与母为亡父造弥

图 1-39 北魏皇兴五年交脚弥勒像（西安碑林博物馆藏）

图 1-40 北魏刘保生夫妇造弥勒像（西安碑林博物馆藏）

图 1-41 西安潘家村西魏大统三年释迦弥勒碑（西安市文物保护考古所藏）

勒成佛石像一躯……”弥勒着菩萨装。另一面的佛像盘膝端坐，着佛装，手势是说法的样子。其须弥座两侧各有一头护法狮子。一面是交脚像，一面是说法像，正反两面，既有菩萨装的交脚弥勒，又有完全佛装的形象，加上明确的铭文，表现的是弥勒成佛的两个阶段（图 1-42）。

图 1-42 成都西安路齐永明八年弥勒成佛碑（成都市文物考古研究所藏）

图 1-43　西安碑林博物馆旧藏荔非氏弥勒造像

身着佛装双腿平行下垂的弥勒像大约出自北周之后，如西安碑林博物馆旧藏北周保定二年（562）的僧贤等造“石佛像”，就是垂足倚坐的样子。北周荔非氏造像碑背面的弥勒也是佛装垂足坐相（图1-43）。1974年西安西关王家巷出土的四面佛造像碑，其中三面的主尊盘膝而坐，一面垂足，且垂足主尊还手持佛珠，左右两侧仅两朵荷箭，该尊造像应该也是弥勒佛(图1-44)。荷箭是菩萨所持物，让荷箭陪伴弥勒，暗示的当然是其菩萨身份。1963年陕西潼关老虎城村出土的唐代弥勒造像碑，弥勒也是双足下垂，且脚踏莲蕾。下端造像铭文为“仪凤二年（677）二月十五日佛弟子王仁静……敬造弥勒像一塔供养”（图1-45）。铭文证明，这种双腿并不交叉而是自然分开下垂的倚坐形象，也是弥勒佛像。其脚踏的莲蕾与上述荷箭异曲同工，都是弥勒菩萨身份的象征。而且从该造像碑弥勒的左右胁侍分别

图 1-44　西安王家巷四面佛（西安碑林博物馆藏）

图 1-45　唐王仁静造弥勒像（西安碑林博物馆藏）

为迦叶和阿难看，这尊弥勒已经成佛，是弥勒下生的表现。双腿平行下垂的还有五台山佛光寺东大殿的彩塑弥勒佛，其双腿下垂，左手手心朝上平放在大腿上，上举的右手则中指屈起，做出说法的样子（图 1-46）。这是弥勒已经取代了释迦牟尼的形象。唐代以后，因为弥勒已经下生取代了释迦牟尼，所以其坐姿也有和释迦牟尼一样盘腿而坐，成结跏坐姿的，如山西大同下华严寺薄伽教藏殿辽代弥勒佛，左手抚在盘起的右脚面上，右手上举施说法印（图 1-47）。这种和释迦牟尼佛平起平坐的坐姿，表明弥勒的孩童时代已经结束，自由自在的坐姿也不得不循规蹈矩地收敛起来，在取代释迦牟尼的同时，也不得不接受佛法的约束和清规戒律，端坐在释迦牟尼曾经坐过的须弥座上，成为新的佛陀。

佛装站立的弥勒像也始于北魏时期。如日本出光美术馆藏北魏太和八年（484）金铜像，其头绾发髻，右肩袒露，左手提衣襟，右手上举施无畏印，赤足分开站在四脚座上。四脚座刻铭：“太和八年十月十六日发干县人李晃之李山之上为父母下为二房眷属造弥勒像一躯……”（图 1-48）北魏时期的发干县在今山东聊城

图 1-46　五台山佛光寺东大殿弥勒佛像

图 1-47　山西大同下华严寺薄伽教藏殿辽弥勒佛像

图 1-48 日本出光美术馆藏北魏太和八年金铜弥勒

图 1-49 日本泉屋博古馆藏北魏太和二十二年金铜佛

地区。日本泉屋博古馆收藏的北魏太和二十二年（498）铭文的金铜像，也是头绾发髻，袒露右肩，两脚分开，赤足立于莲台上。背光背面铭文："大魏太和二十二年五月……肥如县比丘僧……为父母造弥勒尊像一躯……"（图 1-49）肥如县在今河北卢龙。弥勒头上的发髻是菩萨的标志，说明这种装束的弥勒即使身着佛装，也还是菩萨，亦佛亦菩萨，正是弥勒下生的表现。

山东青州龙兴寺遗址出土的北魏永安二年（529）韩小华造弥勒造像碑，弥勒着佛装，赤足立在覆莲座上，背倚宽舟形背光，头上已经和佛一样，高耸起肉髻，头光却是一朵摊开的莲花。弥勒左右两侧的胁侍菩萨，说明其已经具有释迦佛的地位和身份，但头光的莲花纹样，则同时暗示了弥勒菩萨的身份（图 1-50）。造像铭文："永安二年二月四日清信女韩小华敬造弥勒像一躯……"龙兴寺另一尊带铭文的弥勒造像碑为比丘尼惠照所造，其形式也是弥勒着佛衣居中，胁侍菩萨分立左右，弥勒佛的头光

图 1-50 山东青州龙兴寺韩小华造弥勒像（青州市博物馆藏）

中心是莲花。铭文为“维大魏太昌元年（532）……比丘尼惠照为亡父母……敬造弥勒一躯”。这尊造像碑较之韩小华造像更加奢华，不但弥勒佛的头光华丽，而且其上方有龙有飞天，最顶端则是缩小版的化佛（图 1-51）。同样形象的还有 1997 年山东惠民玉林寺遗址出土的造像碑，中心主尊虽然头部残缺，但肩部以下都很完整，其身着佛装，手施无畏印和与愿印，赤足立在莲座上，头顶上方也是飞天和舞龙，背光背面铭文：“石像主比丘道玉、石像主严怀安允大魏天平四□（537）……率邑义三百人等敬造弥勒石□三区……”（图 1-52）1988 年山东诸城体育场出土的夏侯丰珞造像碑，中心主尊弥勒也是直立佛装，其造像铭文：“大魏武定四年（546）……清信士佛弟子夏侯丰珞、赵显明、邑仪

图 1-51　青州龙兴寺惠照弥勒造像（青州市博物馆藏）

图 1-52　山东惠民天平四年弥勒造像(惠民县博物馆藏）

兄弟廿余人等敬造弥勒石像一躯……”（图1-53）龙兴寺、玉林寺和诸城弥勒造像碑大同小异的表现形式，说明北魏晚期至东魏，在山东地区普遍流行这一类站立的佛装弥勒形象。铭文中的“邑义”或“邑仪”是当时的一种信仰组织，如《续高僧传·释宝琼传》云：“邑义为先，每结一邑，必三十人。”

隋唐时期，佛装弥勒佛形象的出现，反映的是人们对于佛的渴望，特别是佛涅槃后，人们更迫切地期待有新佛出世，降临人间。根据《佛说弥勒下生成佛经》所说，弥勒下生成佛后，“雨泽随时，谷稼滋茂。不生草秽，一种七获，用功甚少，所收甚多，食之香美，气力充实”。人们期待佛国换佛，也与现实社会中希望改朝换代一样，于是，弥勒下生也就成了隋文帝取代灭佛的北周和武则天以女性身份执政称帝的宗教依据和支柱。因此，在武则天上台时，就有了僧人薛怀义与法明等共造《大云经》的事件，并称武则天是弥勒下生，应该取代李氏当人间的皇帝，为武则天的执政制造了精神的源头。

罗汉装的弥勒佛是布袋和尚，是弥勒佛的千万化身之一。他的基本形象是袒胸露腹，开心欢笑，这种形象家喻户晓。其出现的时代大约在五代以后小乘教罗汉信仰在民间普及的时期。杭州西湖飞来峰摩崖造像中有一尊南宋时期雕凿的弥勒像，造像位于冷泉溪南岸悬崖上，弥勒袒腹踞坐，肥头大耳，大腹便便，右手安抚布袋，左手捻一串佛珠，因为笑得开心，两眼都眯成了一条缝。这是南宋对于布袋和尚的典型表现，也是笑口常开弥勒佛的标志性形象。弥勒两侧十八罗汉，有的抱膝，有的坐禅，有的掌托宝塔，有的秉持如意，千姿百态，自由自在。十八罗汉围绕大肚弥勒的形式，为弥勒罗汉的身份做了很好的诠释，他虽然也是罗汉，却比其他罗汉身躯更大，且处中心地位，表明他具有佛的伟岸，是佛国的主宰。但让已经取代释迦牟尼成佛的弥勒再回到弟子的阵营，自由自在，则是五代时期人们对弥勒的全新诠释。总之，自五代布袋和尚形象的弥勒佛问世之后，人们更愿意接受这样的开心表情，更喜欢他的笑口常开，也更喜欢他的大腹便便、不修边幅。飞来峰弥勒佛两腿一盘一屈的吉祥坐式，本来为自在观音的坐姿，但弥勒佛同样喜欢，并最终被定型为其标准坐姿，成为佛教徒们

图 1-53 山东诸城武定四年弥勒造像碑（诸城市博物馆藏）

认可的欢喜和尚（图 1-54）。

另一尊元代的弥勒佛像位于龙泓洞外，弥勒袒胸露腹，开怀大笑，左手抓着一串佛珠，右手自然地搭在屈起的右膝上（图 1-55）。宋元两尊弥勒造像，一和罗汉们杂处，一独处洞窟外侧，既点明了弥勒的出身来源，又暗示着弥勒与凡人俗家的关系，那就是佛国是快乐的世界，佛国的生活就像弥勒一样自由自在。笑口常开的大肚弥勒以自身的表现，给俗人们以示范，那就是人生的修行以快乐为本。

布袋和尚源自一个真实的人物，名契此，是唐末至五代时明州（今宁波）奉化僧人。传说他常背一布袋化缘，无论化得什么，皆装进布袋，且永远也装不满。有人问他：“师父有法号否？”契此回答：“我有一布袋，虚空无挂碍；展开遍十方，入时观自在。”于是，世人都称他为“布袋和尚”。

他还有一个偈语：

弥勒真弥勒，分身百千亿。时时示时人，时人总不识。

图 1-54　杭州飞来峰南宋弥勒造像

当时人认为，神仙既不在世间，也不在法外，而是在各自的心中。这种认识也正是两宋禅宗的认识，同时是两宋理学的认知。

人们将一个真实的和尚嫁接到弥勒的身上，视作弥勒菩萨化身，并塑造了他的形象，供奉在寺院的天王殿或弥勒殿中，称为大肚弥勒。后人根据这一形象，在大门口撰写了一副楹联："大肚能容，容天下难容之事；开口便笑，笑世间可笑之人。"宋代梁楷曾有一幅《布袋和尚图》，现藏于日本香雪美术馆，画面截取的是布袋和尚半身像，圆圆的脑袋，便便的大腹，满面的笑容，透露着布袋和尚笑傲江湖的不羁和自在。

图 1-55 杭州元代弥勒造像

从菩萨装到佛装，弥勒佛经历了三个阶段。北朝时期弥勒形象之所以很多，一个重要的原因是对末法时代的认同。根据佛教的宣传，我们生活的世间在释迦牟尼涅槃之后还存在正法、像法和末法三个时代。这种末法的传说起自十六国北凉时期（397—439）的河西地区，当时的人们认为，释迦牟尼涅槃之后，世界处于无佛的真空时代，佛教徒们迫切希望有一个替代释迦牟尼的新佛降临世间，弥勒菩萨作为释迦牟尼的接班人，顿时被赋予了佛的能量，莅临人间，成像于佛教艺术的世界。与此同时，《弥勒下生经》和《弥勒成佛经》也就顺理成章地被十六国时期来华的鸠摩罗什翻译问世，并广为传播，甚至连道行深远的名僧道安也不得不随波逐流，和弟子们在弥勒前立誓，愿共同往生兜率天宫，尊弥勒菩萨为那个时代唯一的佛陀。这种从佛教理论上推动并有佛教界高僧推波助澜地宣传末法思想，使得弥勒信仰迅速而广泛地渗透民间，弥勒形象也成为南北朝至隋唐时期重要的造像题材。人们雕凿弥勒佛像，是希望他能够替代释迦牟尼佛，带领人们走出末法时代，走出变幻莫测的混乱世界，脱离苦海，早成正果。

北朝时期，何以多释迦、多宝和弥勒造像？云冈石窟第17窟明窗东侧造像题记说得好：“比丘尼惠定，身遇重患，发愿造释迦、多宝、弥勒像三区，愿患消除，现世安稳，戒心猛利。道心日增，誓不退转。以此造像功德，逮及七世父母，累劫诸师、无边众生，咸同斯庆。”为了自身健康以及父母众生，造三尊佛像，以为交换条件。

阿弥陀佛

阿弥陀佛就是无量寿佛，是西方三圣的主尊，也是佛教净土宗尊崇的主佛。民间也有将阿弥陀佛简称为“弥陀佛”的。佛经说阿弥陀佛前身是一位国王，舍弃王位之后成佛，发愿接引信徒往生西方极乐世界。

阿弥陀佛造像最多出现在唐代，以盛唐武则天时期为多。如河南巩义（原巩县）石窟寺，举凡唐代造像，几乎都是阿弥陀佛，且造像形式雷同，多一佛二菩萨组合，主佛坐在高高的须弥座上。如第 4 窟外东侧第 117 龛造像铭文称：“大唐龙朔二年（662）二月八日，佛弟子史行威、母侯婆、弟行本为亡考造弥陀像一区，今得成就，合家一心供养佛。”造像组合是一佛二菩萨，其下为六位正面半跪的供养菩萨（图 1-56）。第 124 龛造像组合同样是一佛二菩萨，主佛盘膝坐在莲座上，其下铭文：“大唐龙朔三年（663）……弟子雍子华□七代父母敬造阿弥陀像一区。”（图 1-57）同样的佛龛及造像组合遍布第 4 窟上方及左右两侧。另外第 102 龛、103 龛等 26 个佛龛铭文都是造“弥陀像”或“阿弥陀像”，时代从唐龙朔二年到久视元年（662—700），正好是武则天实际执掌朝政期间。山东济南神通寺千佛崖最大的两尊造像为唐太宗十四子青州刺史李福所造，其铭文：“大唐显庆三年（658），行青州刺史清信佛弟子赵王福为太宗文皇帝敬造弥陀像一躯，愿四夷顺命，家国安宁，法界众生，普登佛道。”（图 1-58）还有“陵感敬造弥陀像一躯”铭文，其他造像题记则没有明确所指。比李福早一年在千佛崖造像的南平长公主，造像题记同样是为“太宗文皇帝敬造像”。虽然公主造像没有明确是弥陀像还是释迦像，但形式和李福所造相同。另外众多没有题记的造像也与公主、皇子所造相同，都是弥陀佛的样式。唐显庆年号是唐高宗的第二个年号，这也是武则天实际执掌朝政的时间。山东青州驼山石窟第 1 窟左右壁上小龛造像有“长安三年（703）李怀膺造弥陀像”题记。山东东平白佛山 2 号窟有造像题记：“大隋开皇十年（590）……沙门昙献、刘子贵……敬造阿弥像一区。”3 号窟西壁题记为“大唐随军宣德郎张颖敬造阿弥陀一躯”。

由河南巩义石窟寺和山东济南神通寺、东平白佛山摩崖造像题记及其形式可知，唐代武则天时期是中原地区阿弥陀佛造像题材的昌盛时期。而在敦煌石窟，阿弥陀佛的出现还要早一些，如莫高窟第 220 窟南壁上的阿弥陀净土变相壁画，就有“贞观十六年（642）”的墨书题记。其中的阿弥陀佛被众多菩萨簇拥着，端坐在水池中升起的莲座上，正在为信徒们说法（图 1-59）。山东东平白佛山石窟题记则早到隋代的开皇年间。可见，在北

图 1–56 河南巩义石窟寺第 117 龛唐阿弥陀佛造像

图 1–57 河南巩义石窟寺第 124 龛唐阿弥陀佛造像

朝晚期，阿弥陀信仰就已经在民间流传，只不过没有盛唐时期那么普及，那么深入人心。

陕西潼关老虎城村出土的一尊唐代造像碑铭文为“佛弟子王仁静……敬造阿弥陀像一塔”，铭文之上为阿弥陀佛三尊像。阿弥陀居中双腿盘坐在须弥座上，右手施无畏印，左手扶膝（图 1-60）。另外一座署名王仁静的弥勒造像碑铭文年号是“仪凤二年（677）”。河南偃师机砖厂出土的阿弥陀造像碑正面造像三尊，主尊阿弥陀佛盘膝坐在莲座上，左手平端在腹部，手心朝上，

图 1-58　济南千佛崖唐李福造弥陀像

右手则扶在右膝上，背面铭文：“清信弟子骨二娘敬造阿弥陀像观音大世志菩萨多心经又造七佛……神龙元年（705）……”（图1-61）山西运城夏县征集的一尊阿弥陀造像，头为螺髻，身背火焰，圆形头光上还有七佛，覆莲座下铭文：“佛弟子李道礼……李思道等九人奉为开元皇帝敬造阿弥陀像一躯……以大唐开元十四年（726），岁在景寅暮秋功毕。”（图1-62）五台山唐代佛光寺东大殿的彩塑阿弥陀佛，两手平举在胸前，似乎在摩挲着什么（图1-63）。大同善化寺金代的阿弥陀佛，两眼低垂，两手均平放在

图 1-59 敦煌第 220 窟唐阿弥陀佛摹本

盘曲的膝盖上，非常坦然地在思索着什么（图 1-64）。杭州飞来峰瓶窑南山元代阿弥陀佛造像两手作说法印，旁边题记为：“本寺都寺比丘徒弟镌造阿弥陀如来尊像功德，普渡众生□□至元元年（1335）八月□□。”（图 1-65）山西洪洞元代广胜寺上寺毗卢殿的阿弥陀佛则左手平端在腹部，右手上扬作说法印（图 1-66）。新绛福圣寺弥陀殿明代的阿弥陀佛造像同样是说法的姿势（图 1-67）。

从众多阿弥陀佛手相表现可知，唐代的阿弥陀佛造像，其形象主要是禅定，元明清的阿弥陀佛造像则多为说法。阿弥陀

图 1-60 陕西潼关唐王仁静阿弥陀佛造像（西安碑林博物馆藏）

图 1-61 河南偃师阿弥陀佛造像（洛阳市博物馆藏）

图 1-62　山西夏县唐阿弥陀佛造像（山西博物院藏）

图 1-63 五台山佛光寺东大殿唐阿弥陀佛像

图 1-64 大同善化寺大雄宝殿金阿弥陀佛像

图 1-65 杭州飞来峰元阿弥陀佛造像

佛表情安静恬淡的表现，不仅反映了阿弥陀佛西方世界主宰的气派和风度，而且为善男信女的禅坐静修树立了榜样和楷模，成为民间打坐参禅的形象依据，让信徒们在静坐之中走进西方极乐世界。

从众多造像题记可见，阿弥陀佛造像广为流行的时间大约在7世纪后半期的唐代，特别是武则天主政时期，阿弥陀佛几乎主宰了整个造像题材，尤其是民间的单体造像，几乎唯阿弥陀佛为尊。死后去西方的阿弥陀佛世界，是众多信徒们一致的愿望。这是盛唐以后的认识，也是战国秦汉神仙思想在唐代的新发展，那就是人若升仙，仙界既不在海上仙山，也不在西方的昆仑山，而是在佛教的西方极乐世界。本来，北朝晚期乃至隋唐，人们期待的是新佛弥勒佛，但为何同时还有阿弥陀佛的盛行？个中原因可能与净土宗的推波助澜有关，也与净土信仰的方便简捷有关，因为净土宗提倡以最简便的方式快捷地进入佛国，礼佛敬佛甚至只要称念佛号就行，无须舍身舍财。

图 1-66 洪洞广胜寺上寺毗卢殿元阿弥陀佛像

图 1-67 新绛福圣寺弥陀殿阿弥陀佛像

无量寿佛

无量寿佛出自《无量寿经》，这是较早翻译到中土的佛经之一。杭州飞来峰元朝至元二十六年（1289）无量寿佛像，镌造在冷泉溪南岸，佛像袒露右肩，盘膝端坐，两手托钵于腹部。龛下铭文："大元国杭州佛国山石像赞：永福杨总统，江淮驰重望。旌灵鹫山中，向飞来峰上。凿破苍崖石，现出黄金像。佛名无量亦无边……愿祝圣明君，与佛寿无量。……至元二十六年重阳日住灵隐虎岩净伏谨述。"题记表明的是祝愿圣明的君主"与佛寿无量"（图1-68）。呼猿洞至元二十九年（1292）无量寿佛手捧宝钵，闭目作禅定印，龛外左侧是救度佛母像，右侧则是文殊菩萨。龛下方题记："大元国功德主资政大夫行宣政院使杨谨发诚心，捐舍净财，命工镌造无量寿佛、文殊菩萨、救度佛母圣像三尊，祝延圣寿万安，阔阔真妃寿龄绵远，甘木罗太子、帖木厄太子寿算千秋，祁保自身世寿延长，福基永固，子孙昌盛，如意吉祥者。至元壬辰二十九

图 1-68　杭州飞来峰元至元二十六年无量寿佛造像

图 1-69 杭州飞来峰至元二十九年无量寿佛造像

年七月中秋吉日建。”（图 1-69）将密教的度母和释迦牟尼的胁侍文殊菩萨组合在无量寿佛的身边，说明元代的人们认为，无量寿佛可以享有释迦牟尼的待遇，也可以驱使密教的神明。不管是文殊菩萨还是救度佛母，造像人最终的目的是祈求“世寿延长”，长命百岁。祝愿的是圣明君主、真妃、太子并兼及自己，其造像题记成为定式，那就是在为自己祈求长寿的同时，也必须兼顾皇家的人。冷泉溪另外一尊造于至元二十八年（1291）的无量寿佛，佛像作禅定印，龛旁有“无量寿佛”及“至元二十八年”字样。

四方佛

四方佛又称四面佛，其表现是四尊佛面向东西南北四个方向，如济南四门塔面向四方开四个塔门，每个塔门各有一尊坐佛。坐佛背靠中心塔柱，构成四方佛，除了北面的微妙声佛两手自然地放在左右膝盖处，其余三面的佛都是两手相叠，手心朝上，平放在腹部，作禅定印。四尊佛像时代从东魏到唐，唐代的佛像是后补的（图 1-70）。西安碑林博物馆藏 1949 年西安市北郊查家寨出土北魏景明二年（501）四面造像碑，四尊坐佛均有两尊菩萨左右侍立，其中三尊手势作说法印，一尊作禅定印（图 1-71）。济南市长清区神宝寺遗址存留的四方佛中心没有塔心柱，四尊佛紧靠在一起，共坐于高大的束腰莲花座上，除了一面佛垂足半跏坐式，其余三尊均盘膝结跏坐，其中垂足而坐的应该是弥勒佛。

图 1-70　济南四门塔四方佛造像之一

从四尊佛像服饰及其莲花座雕刻等可知，这四尊佛应是盛唐时代雕凿的（图 1-72）。1986 年济南市区舜井街出土的北朝四方佛雕刻在一块方形的石块上，四尊佛像各占据一面，且均有胁侍，其中一面胁侍是站立的菩萨，一面胁侍是坐着的菩萨，另外两面的胁侍则着佛装。旁边有站立菩萨的佛像应该是阿弥陀佛，有坐着菩萨的主尊则与北朝弥勒组合相同（图 1-73）。

四方佛或四面佛，出现的初衷是绕塔礼拜的佛教习俗，传至中土后，也源自中心立柱形式的塔窟，如济南四门塔的形式。像济南神宝寺那样两两背对，两两肩摩，中间没有立柱倚靠的样式比较少见。

图 1-71　西安查家寨北魏景明二年四面佛造像（西安碑林博物馆藏）

图 1-72 济南神宝寺四方佛造像

图 1-73 济南出土四方佛造像（济南市博物馆藏）

关于四面佛或四方佛的来历，《金光明经·序品》称：“如是经典，常为四方，四佛世尊之所获持。东方阿閦，南方宝相，西无量寿，北微妙声。”《佛说观佛三昧海经·本行品》曰：“东方有国，国名妙喜，彼土有佛，号曰阿閦。……南方有国，国名曰欢喜，佛号宝相。……西方有国，国名极乐，佛号无量寿。……北方有国，国名莲华庄严，佛号微妙声。” 隋朝的智顗则把四面佛比喻为佛教的“四谛”，曰：“东方集谛……故名阿閦；南方苦谛……故名宝相；西方道谛……故名无量寿；北方灭谛……故名微妙声。”（《金光明经文句》卷一）可见，无论是佛经还是造像，从北朝至隋，四方佛到底是谁，代表什么意思，也是众说纷纭。大型石窟的结构中心都有一根立柱支撑窟顶，这种立柱的学名就是塔心柱，立柱四周都被安排上佛像。单体形式的四方佛，其实就是塔心柱四面造像形式的翻版，没有条件凿窟开龛的地方，只好比着塔心柱石窟的形式，将四面佛背靠背地组合在一起，以满足善男信女们绕行佛像四面朝拜的需求。对于庶民百姓，四面佛究竟是谁并不重要，重要的是这样的形式可以了却各自的心愿，在家门口同样能够尊佛礼佛，同样可以天天围绕在佛的周围，享受着佛法的关照和庇护。

阿閦佛

阿閦佛是佛教东方世界的主宰，和西方的阿弥陀佛遥遥相对。山西大同善化寺大雄宝殿中的阿閦佛，两手在胸前，像是要旋转法轮的样子（图 1-74），这是金代的认识。山西洪洞广胜寺上寺毗卢殿的元代阿閦佛两手则做出说法的姿势（图 1-75）。阿閦意译为不动如来。根据《阿閦佛国经》和《金光明经》记载，阿閦佛在做菩萨的时候，曾经发愿不受众生嗔心所动摇，“来世当于东方妙喜国成佛，号曰不动如来”。佛教认为，嗔是和贪、痴一样的根本烦恼，是影响佛道修行的“三毒”之一。嗔怒他人，内心有怨恨、仇恨，最终产生报复之心、争斗之心，是最危险的事。《大智度论》载：“嗔恚之人不知善，不知非善，不观罪福，不知利害，不自忆念，当堕恶道。”戒除嗔怪怨毒，且不受凡俗嗔怪影

图 1-74 大同善化寺大雄宝殿金阿閦佛

图 1-75 洪洞广胜寺上寺毗卢殿元阿閦佛

响，是佛教徒很重要的修养。阿閦佛能够具备这样的能力，自然应该成为佛教世界独当一面的主尊（图 1-76）。

阿閦佛另一重要的认识是善待女性。一般人修行发愿，都是“来生脱离女身”“转女成男”，阿閦佛却认为女性不比男人卑下，同样可以修得证果。虽

图 1-76 济南四门塔东魏阿閦佛

然女性在怀孕、生产时很痛苦，但阿閦佛保证，在他的佛国世界里，女性没有任何痛苦。

密宗中也有阿閦佛，并被列入以大日如来为中心的“五佛世界”，阿閦佛位居东方，其身如金刚般坚固，是宝石之王，其右手触地的手相，表明释迦牟尼成道之由。密宗的阿閦佛代表大圆智镜，能够像镜子一样，照出各种事物的智慧。

如来佛

如来佛是佛的十种称号之一，也是最家喻户晓的称呼，甚至替代了释迦牟尼的真实名姓，掩盖了其他佛的名号。特别是明代以来随着《西游记》的广泛流传，如来佛已成为佛陀的唯一名称、佛教世界的唯一教主。

按照佛教经典的解释，“如来”的含义有两种，一是“如实”“真如”。“真”是事物的真实状况和性质，不是虚妄，“如”是事物的外在表述，虽然这种表述难以恰如其分，却可以依样画葫芦，用大体准确的“如”来说明。这是佛经《成唯识论》的解释。第二种解释来自《金刚经》：“如来者，无所从来，亦无所去，故名如来。”两种解释都符合佛教的教义。事物的真相没有最准确的表述，只能照那个样子说，而世上所有的一切都是没有源头也没有终极的，无论是空间还是时间。佛教形象同样如此。因此，佛的称呼之中就被后缀上“如来”二字，如释迦如来、弥勒如来、药师如来、阿弥陀如来、大日如来等。如来的形象和释迦牟尼佛、阿弥陀佛等几乎没有差别。如唐代所造单体石造像中，虽然题记是释迦牟尼佛，但后人也称其为“释迦牟尼如来”（图 1-77）。至于《西游记》中的西天如来佛，其实就是释迦牟尼佛，也是西方的阿弥陀佛。

大日如来

大日如来梵音为毗卢遮那佛，“如来”就是“佛”的意思。“毗卢遮那”的意思就是光明照遍世界。大乘佛教称，释迦牟尼为了

图 1-77 郑州北岗如来造像（郑州市博物馆藏）

说法的需要，显示三种形象，分别是应身、法身和报身。应身是释迦牟尼自身、生身，表示随缘教化，度脱世间众生而现的佛身；法身就是毗卢遮那，是绝对真理的佛身；报身则是卢舍那，是佛的智慧之身。应身、法身和报身简称自身、真理和智慧三身。

大日如来名称出现在7世纪善无畏三藏翻译的《大日经》里。“大日”可除一切黑暗，遍照宇宙万物，能利养世间一切生物，大日之光不生不灭。“大日”之意胜于太阳，光明遍照，因此大日如来又被译为大光明遍照、遍照如来。大日如来是遍照一切世间万物而无任何阻碍的法体，其智慧之光遍照一切，不分昼夜，世间与出世间的一切有情无情，都能受到恩惠，萌生佛心，获不可思议之成就。

密宗的大日如来又分两种形象，一是胎藏界大日如来，二是金刚界大日如来。胎藏界大日如来表示的是佛陀的内在理德，金刚大日如来则是外在的智德。胎藏界大日如来盘膝端坐，手结法界定印（禅定印），即左手在下，右手在上，两拇指相抵，通身金色（或白色）。金刚界大日如来也是正面盘膝端坐，戴五智宝冠，有手镯、臂钏、璎珞等装饰品，手结智拳印，即左手食指伸直，

图 1–78　日本奈良县圆成寺藤原时代大日如来木造像图

图 1–79　日本千叶县妙乐寺藤原时代大日如来木造像图

用右手的手掌把它握住，通身之色清白，如日本奈良县圆成寺藤原时代的木雕大日如来（图 1-78）。千叶县妙乐寺同样时代的大日如来则改智拳印为法界定印（图 1-79）。

药师如来

药师佛，又称药师如来、药师琉璃光如来、饮光如来、大医王佛等，是为东方净琉璃世界教主。据佛教传说，药师佛行菩萨道时，发了十二个大愿，每愿都为了满足众生愿望，拔众生苦，医众生病。药师菩萨成佛后，始终实践着自己所发的大愿。药师佛所在的东方净琉璃世界，在十亿恒河沙数那么多的佛国之东，所以又称为“东方净土”。又因该处以琉璃为地，因此又称“净琉璃世界”。依《佛说药师如来本愿经》所说，此一佛土“一向清净，无女人形，离诸欲恶，亦无一切恶道苦声。琉璃为地，城阙垣墙，门窗堂阁，柱梁斗拱，周匝罗网，皆七宝成。如极乐国，净琉璃界庄严如是”。在药师净土里，除了药师佛，另有日光、月光两大上首菩萨，以及八位引导众生进入净土世界的大菩萨。此外，有誓愿护持药师法门的十二药叉神将。他们各率七千药叉眷属，在各地护佑受持药师佛名号的众生。

药师佛十二个大愿之中的“除一切众生众病，令身心安乐，证得无上菩提”的内容，最为信徒们所接受。因此，一般人也称念他为“消灾延寿药师佛”。

图 1-80 日本奈良县药师寺金堂白凤时代铜药师如来造像图

药师佛的形象和释迦牟尼没有区别，也施无畏印和与愿印，如日本奈良药师寺的药师如来像（图 1-80）。但元兴寺药师如来站像，药师如来的左手端着一个药壶，清楚地表明了药师如来治病救人的形象（图 1-81）。神护寺的药师如来也是左手托着一个药壶（图 1-82）。

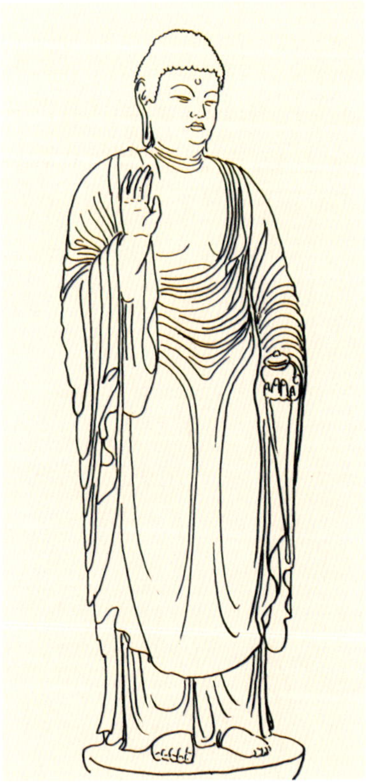

图 1-81　日本奈良县元兴寺弘仁时代木雕药师如来像

图 1-82　日本京都神护寺弘仁时代木雕药师如来像

过去佛与七佛

佛教将世界分为三个时空，即过去、现在和未来。过去的世界里，没有释迦牟尼，但有佛陀存在，这里的佛陀就是过去佛。过去佛有两种形象，一是燃灯佛，二是七佛。《大智度论》说："如燃灯佛，生时一切身边如灯，故名燃灯太子，作佛亦名燃灯。"燃灯佛又称"锭光佛"，锭光佛也称"定光佛"，这或许是望文生义的解释，既然过去的世界一片漆黑，需要燃灯佛手提灯盏照明，当然将其光明定格为永恒最好，如山西大同下华严寺的燃灯佛（图 1-83）。但是，在释迦牟尼成佛之前，的确有一个准备的过程，这个过程包括释迦和他同时代的七个智者，这七个智者就

图 1-83 大同下华严寺燃灯佛

是过去七佛。关于七佛的说法有两种：一种是包括释迦牟尼佛在内的七佛，一种是不包括释迦牟尼佛。《长阿含经》云："佛告诸比丘，过去九十一劫时，世有佛名毗婆尸如来至真，出现于世。复次比丘，过去三十一劫，有佛名尸弃如来至真，出现于世。复次比丘，即彼三十一劫中，有佛名毗舍婆如来至真，出现于世。复次比丘，此贤劫中，有佛名拘留孙，又名拘那含，又名迦叶。我今亦于贤劫中，成最正觉。"《佛说七佛名经》也提到"过去九十一劫""三十一劫"以及贤劫世界中的六、七、八、九劫，释迦牟尼出现在第九劫，云云。过去劫为庄严劫，庄严劫中的三佛和贤劫中的四佛，组成了七佛的世界。

石窟造像和造像碑中，七佛的形象都被安排在主尊的背光或壁龛上，左右各三尊，中间顶端一尊，多为浮雕或线刻，形象很小如千佛。如云冈石窟第 17 窟明窗东侧太和十三年（489）题记上小龛龛楣，浮雕着七尊坐佛，龛内主尊是释迦和多宝（图 1-84）。

图 1-84 云冈石窟第 17 窟七佛造像

差不多同样的形式在第 15 窟龛楣上也有表现（图 1-85）。第 10 窟后室南壁门楣上的七佛平行排列，各有背光（图 1-86）。第 12 窟前室北壁龛楣上的七佛同样都有背光，且七佛上下都是能歌善舞的飞天（图 1-87）。第 13 窟南壁明窗下面，窟门上面三个大龛两米多高的七尊，均是水波纹发髻，羊肠大裙。西安市征集的一件北魏时期刘宝生夫妇造弥勒像造像碑，环绕主尊弥勒佛的

图 1-85 云冈石窟第 15 窟七佛造像

图 1-86 云冈石窟第 10 窟七佛造像

图 1-87 云冈石窟第 12 窟七佛造像

头光内有七尊坐佛，皆作禅定坐式，每个坐佛也各有背光，说明这些小佛的身份和主尊都是一样的（图 1-88）。西安市西关王家巷出土的北周七佛造像碑则是七佛上下罗列，下边三层每层两尊，最顶上一尊（图 1-89）。这里的七佛按层级排列，固然是受造像碑形制的限制，但也有塔的意义，如俗语所说“救人一命，胜造七级佛塔”，七佛所呈现的像俨然一座佛塔。七佛所处，各自一个浅龛，浅龛就是禅窟，也就是寻常僧人们参禅的场所。让七佛以坐禅的姿势面世，也就说明了其过去的身份。

人们敬仰七佛，其实和汉文化中尊老的伦理道德不谋而合，所以众多造像题记都要提到为父母亡人过去逝者祈福请安，这种表述方式甚至成为约定俗成的格式，流传久远。

图 1-88　北魏弥勒碑（西安碑林博物馆藏）

图 1-89　北周七佛造像碑（西安碑林博物馆藏）

千佛

千佛的表现是密集的小佛，或雕凿在石窟外墙，或布置在石窟四壁，或刻画在造像碑的正反两面，如西安碑林博物馆所藏北魏延昌元年杨美问造像碑（图 1-90）。也有被安排在石窟门柱四周的，如云冈石窟第 12 窟（图 1-91）。还有如云冈石窟第 18 窟那样直接被刻画在释迦牟尼佛身上的形式。

图 1-90 延昌千佛碑（西安碑林博物馆藏）

所谓千佛，按照佛经的本意，是示范的意义。就是说，千佛是成佛的标志，也是诱导信徒们信仰佛教的示范。每一尊小佛，都有名有姓，都是实在的个人。将众多小佛刻画在释迦牟尼或阿弥陀佛的身边，意在告诉人们，这些曾经的凡人因为信仰弥坚最终得到了善果，得道成佛，成为释迦牟尼乐土中的一员。如西安碑林博物馆所藏北魏景明二年四面造像碑，主尊周边都是小佛（图

图 1-91 云冈石窟第 12 窟立柱千佛造像

1-92），西魏释迦多宝七佛造像碑，在释迦牟尼和多宝佛的周边就密密麻麻围满了小佛（见第 24 页“释迦多宝”图 1-21）。碑林博物馆旧藏隋代的千佛造像碑将释迦多宝和千佛置于一座建筑的帷幕之中，释迦多宝位居上方，千佛则罗列于下。五层千佛均有中心佛，中心佛正面端坐，两侧千佛则着菩萨装，或交脚，或结跏，或面向中心佛礼拜（图 1-93）。

图 1-92 西安查家寨四面佛碑（西安碑林博物馆藏）

图 1-93 隋千佛碑（西安碑林博物馆藏）

按照佛经的说法，世界有过去、现在、未来三个不同的时空，每个时空各有一千尊佛。《过去庄严劫千佛名经》说过去时代有一千尊佛，《现在贤劫千佛名经》记载的则是正在成佛的一千尊佛，《未来星宿劫千佛名经》则预示了未来佛陀世界还有一千佛。唐代人编撰的《法苑珠林》中的《千佛篇》还说：“初千佛者，华光佛为首，下至毗舍浮佛。于庄严劫得成为佛，过去千佛是也。此中千佛者，拘留孙佛为首，下至楼至如来，于贤劫中次第成佛。后千佛者，日光如来为首，下至须弥相佛，于星宿劫中，当得成佛。”过去、现在这两千尊佛，已经成为历史，成为人们羡慕礼拜的对象，未来星宿劫的千佛却让人们想入非非。因此，千佛的意义，最终是未来，是理想、期待和憧憬，也是力争通过努力可以达到的奋斗目标。

关于现在世界的千佛，印度《莲花鹿母夫人》还有一个美好的故事，说一头母鹿怀孕生了一个漂亮的鹿女，鹿女所经之地，步步莲花，后来嫁给梵豫王，生了一朵莲花，花有千叶，一片叶子上坐着一个小儿，这一千个儿子就是现在世界的千佛，也就是佛经所说的贤劫世界的千佛，其中包括佛教的主宰如来佛。

千佛的具体形象，数量众多，密密麻麻，并以其排列规则的雷同现象让人过目不忘。明清时期，寺庙里的千佛也有用木雕的形式雕凿一些二三十厘米的坐佛，搁置在墙壁的搁板上，层叠到庙宇山墙交界处，如灵岩寺千佛殿中的千佛就是这样。但是不管是刻在山体岩石上的石佛还是能活动的木佛，几乎无一例外依附在释迦牟尼或阿弥陀佛等主尊佛的周边。其原因一是释迦牟尼佛能够遍身现千佛，如《佛说观普贤菩萨行发经》载：“释迦牟尼佛，举身毛孔，放金光色，一一光中，有百亿化佛。诸分身佛，放眉间白毫大人相光，其光流入释迦牟尼佛顶。”《佛说观佛三昧海经》卷四《观相品》说，释迦牟尼从白毫光相中，化出八万四千尊佛：“时佛眉间，即放白毫大人相光，其光分为八万四千支，亦八万四千色，遍照十方无量世界，一一光色，化一金山，一一金山，无量龛窟，一一窟中，有一化佛，结跏趺坐，入深禅定。”将千佛安置在佛的身边，也是一种无上幸福的表现，如山东灵岩寺一座石塔构件所刻的《佛说无量寿佛经》中称：“佛告阿难，此经名观极乐国土无量寿佛观世音菩萨大势至菩萨，亦名净出孽障，生诸佛前。”时时能在佛陀的身边，和佛一样坐卧起行，当然是求之不得的善缘了。因此，北朝以来所刻画的千佛无不紧密倚靠着主尊佛像，和佛陀一起享受着人间的香火祭祀。

无论是绘画、石雕还是寺庙里的木刻，千佛的形式一如七佛，都是坐禅的姿势。三千世界的千佛，像一个模子印出来的一样，没有手势，没有表情，没有任何的举动，有的只是模仿和效法佛祖，像佛祖一样静思默想，参禅打坐，以其无情无欲的姿态，领悟着世界的变幻、云烟的过眼。

二、佛陀组合

佛本来是一个，但为了分身救苦救难，佛就增加了众多名号，也化身成种种不同的形象。但无论是释迦牟尼佛还是阿弥陀佛，抑或东方琉璃光佛、如来佛，普通人很难辨别。为此，佛教将佛与其化身进行了组合，将佛身边的弟子、罗汉、菩萨们也进行了不同的组合，以区别身份，明晰职责，满足信徒们的不同需求。

二身佛

二身佛是佛教造像早期阶段常见的组合形象，其特征是两尊形象完全相同的佛像，像双胞胎一样并排在一起，被安置在佛教石窟寺的壁龛之中，或者被雕造在单体的造像碑中，也有铸造在同一个金铜佛座上的。这种双佛并坐的佛像一般被指称为“释迦多宝佛”，两佛的职责是共同给信徒说法。如云冈石窟第 5 窟西壁第 3 层第 3 龛双佛并坐，均作无畏印和与愿印手相（图 1-94），西壁上层北侧也有同样的双佛。南壁明窗东壁除了千佛中心的佛龛双佛，其上还并列两个同样的佛龛，佛龛里也是双佛。这三处双佛的坐式、手相、佛龛雷同（图 1-95），表明北魏王朝在云冈时期流行双佛并龛的形式。二身佛的出现是为了说法，因为一个人说法相对单调，两个人问答则形式活泼，也更有亲和力。

三身佛

如前所述，三身佛分别是法身佛、报身佛、应身佛。法身佛是毗卢遮那，应身佛是释迦牟尼，报身佛是卢舍那。毗卢遮那和卢舍那都是光明佛，都能够以光明照遍世界，因此华严宗就将这两位佛陀合二而一。

佛殿中三身佛的配置：中尊是法身佛毗卢遮那，左为应身佛

图 1-94　云冈石窟第 5 窟西壁二身佛造像

图 1-95　云冈石窟第 5 窟南壁二身佛造像

图 1-96 灵岩寺千佛殿三身佛

释迦牟尼，右为报身佛卢舍那。如山东济南长清区灵岩寺千佛殿三座主尊，自左而右分别是明嘉靖二十二年（1543）铜铸应身佛释迦牟尼，中间是宋治平三年（1066）藤胎髹漆法身佛毗卢遮那，右边是明成化十三年（1477）铜铸报身佛卢舍那（图 1-96）。

三世佛

三世佛又有横三世佛和竖三世佛之分。横三世佛是按照空间的观念左右展开的，竖三世佛则是按照时间的观念，以过去、现在、未来的方式延续的。

横三世佛

横三世佛是按照西、中、东横向排列的。西方佛是阿弥陀佛，中间是释迦牟尼佛，东方佛是琉璃光佛或阿閦佛。这三尊佛陀本来都是释迦牟尼的化身，但出于不同地域的原因，人们更愿意相信未来世界有多个，既有释迦牟尼的世界，东西方也都有同样的佛国。特别是净土信仰将西方确认为阿弥陀佛的世界后，东方净琉璃世界也不甘落后，成了人们追求的另一块乐土。

竖三世佛

竖三世佛也称纵三世佛，是按照时间发展顺序排列的。过去佛是燃灯佛，现在佛是释迦牟尼佛，未来佛是弥勒佛。燃灯佛是释迦牟尼之前的佛，弥勒佛是释迦牟尼之后的佛，这三尊佛陀分别主宰着过去、现在和未来的世界。人们尊奉燃灯佛，祈求的是已经过世的父母亲人早日得到解脱，离开轮回；供养现在佛释迦牟尼，则是希望他能够帮助人们超凡脱俗；而供奉弥勒佛更体现了人们对未来的寄托，希望在未来世界的主宰那里，得到更多的关照。

释迦牟尼组合

释迦牟尼佛组合是最常见的佛像组合，其形式是释迦牟尼居中，或结跏或半跏，有时候也站立，其左右胁侍分别是二弟子（或十大弟子）、二菩萨（或四菩萨）、二力士（或二天王）。如五台山佛光寺东大殿唐代释迦牟尼组合的具体形式是，一佛二弟子四菩萨。释迦居中，端坐于高高的须弥座上，左右为迦叶和阿难，二弟子之前是站立的文殊、普贤菩萨，二菩萨前则是半跪着的两位供养菩萨（图 1-97）。释迦牟尼组合中的迦叶和阿难，以一老一少的形象表现，迦叶是瘦骨嶙峋的老者，如山西平遥镇国寺五代迦叶造像（图 1-98），阿难则是一身稚气的小和尚，如五

图 1-97 五台山佛光寺东大殿唐释迦牟尼佛像组合

图 1-98 平遥镇国寺五代迦叶造像

台山南禅寺唐阿难（图 1-99）。近身的文殊和普贤菩萨有时还有坐骑，分别是狮子和大象。文殊骑狮子（图 1-100），普贤骑象（图 1-101）。山西晋城古青莲寺南殿唐代彩塑释迦牟尼组合中的文殊、普贤没有坐骑，而是和释迦牟尼佛一样，盘坐在莲花座上（图 1-102）。文殊、普贤外侧又有两站立的菩萨，如山西大

图 1-99 五台山南禅寺唐阿难

图 1-100 五台山佛光寺唐文殊菩萨

图 1-101 五台山佛光寺唐普贤菩萨

图 1-102 晋城古青莲寺唐文殊菩萨

同下华严寺薄伽教藏殿辽代的释迦牟尼彩塑组合，就是一佛二弟子四菩萨的形式（图 1-103）。敦煌 328 窟中唐时期的释迦牟尼彩塑组合是一佛二弟子二菩萨二供养菩萨，另外，壁画中还有其他弟子（图 1-104）。由此可知，释迦牟尼造像组合中的弟子应

图 1-103　大同下华严寺辽释迦造像组合

图 1-104　敦煌石窟第 328 窟唐释迦牟尼造像组合

图 1-105　河南巩义石窟唐代释迦牟尼造像组合

该是十大弟子，菩萨之外还有供养菩萨。这种组合是唐代的认识，如五台山佛光寺彩塑组合。释迦牟尼和二弟子二菩萨二天王组合见于河南巩义石窟寺唐代佛龛中，如第 3 窟外壁东侧编号为 301 的龛内雕塑（图 1-105）。

西方三圣

西方三圣组合也是阿弥陀佛组合，和释迦牟尼组合相比，阿弥陀佛组合少了两大弟子，其胁侍菩萨也换了身份：左侧是大势至菩萨，右侧是观世音菩萨，稍稍复杂一点儿的也有两力士。山西五台山佛光寺东大殿唐代阿弥陀佛彩塑组合是四菩萨外加两供养菩萨（图 1-106）。至于另外两尊侍立菩萨是谁，没有确指。随着阿弥陀佛信仰的普及，西方三圣组合在佛教石窟寺及寺院里

图 1-106　五台山佛光寺东大殿阿弥陀佛像组合

已成定式，深入人心。

东方三圣

东方三圣是以药师琉璃光佛为主尊的佛像组合，其基本组合是一佛二菩萨，佛是药师佛，菩萨则是日光菩萨和月光菩萨。如日本奈良药师寺组合，中间是药师佛，左右则是日光菩萨和月光菩萨（图 1-107）。日光菩萨和月光菩萨与其他菩萨不一样，他们都有成佛的可能。据说当药师佛涅槃后，这两位菩萨将依次递补佛的位置，主宰东方琉璃世界。另外，在药师佛的身边，还有以观音、势至二菩萨为药师如来胁侍的做法，其意义是表示东方与西方净土别无二致。也有的寺院还因为药师佛是佛教界的医生，而将药王、药上两菩萨作为药师如来的左右胁侍，以示施药度尽苦难众生之意。更有甚者，在药师佛身边还安排了文殊、观音、势至、宝檀华、无尽意、药王、药上、弥勒这八位菩萨为药师佛侍者。如此，比释迦牟尼佛和阿弥陀佛晚出的东方药师佛居然后

图 1-107　日本奈良县药师寺金堂白凤时代东方三圣像

图 1-108 日本奈良县新药师寺天平时代十二神将像

来居上，几乎囊括了此前问世的所有菩萨。日本奈良时代后期，如奈良新药师寺本堂中的组合，在药师佛的身边还围绕着十二神将（图 1-108）。这十二神将的由来与药师佛的十二大愿相关。据说，这十二神将还是十二药叉，各率领七千部下，拥有八万四千部属，可为更多的人破除烦恼。

弥勒佛组合

弥勒佛是未来佛。在南北朝时期因为佛已经涅槃，人们期待着佛的接班人弥勒佛早早降生人间，所以弥勒信仰曾经深入人心。弥勒佛因为也是佛，所以像释迦牟尼佛和阿弥陀佛一样，左右也有胁侍菩萨，左边的是法音轮菩萨，右边是大妙相菩萨，四方还有四大天王。云冈石窟北魏时代的弥勒佛，身边还有对称的两位思维菩萨，如第 26 窟西壁上层的交脚弥勒左右，就各有一位思维菩萨，呈对称的形式胁侍弥勒（图 1-109）。明清以后的寺院，弥勒佛都是以布袋弥勒和欢喜弥勒形象出现，身边围绕着的是罗汉，如杭州飞来峰摩崖造像南宋弥勒佛。在一般寺院中，弥勒佛的法堂被安排在天王殿中心柱正面，两侧没有胁侍菩萨，四大天王则分列东西两侧。

总括弥勒组合，当他在兜率天的时候，或单独以交脚的形象出现，或各配侍两个思维菩萨。当他下生接班释迦牟尼佛时，则全盘继承了释迦佛的组合，也是一佛二弟子二菩萨二力士的阵营，其姿势或盘腿或垂足。唐五代后的寺院，为了表明弥勒的接班人身份，也有在其身后布置释迦佛组合的形式，并降低弥勒的身高尺寸，让其坐或站在释迦的怀抱里，和释迦佛共同接受着信徒们的香火。

图 1-109　云冈石窟弥勒造像组合

第二章　佛陀眷属

一、菩萨

菩萨是梵语“菩提萨埵”的简称。东晋时期著名佛教翻译家僧肇认为，“菩提”是佛道名，“萨埵”则是大心众生。有大心入佛道的人，名菩提萨埵。后来的学者将“有大心入佛道的人”改为“成众生”。天台宗遂解为：“用诸佛道，成就众生，故名菩提萨埵。”另外，菩提是自行，萨埵是化他。自修佛道，又化他人。华严宗三祖贤首进一步解释：菩提，此谓之觉；萨埵，此曰众生。以智上求菩提，用悲下救众生。译为“觉有情”，就是能自觉又觉他的有情。这其实是两种佛教行为的组合。一是作为修习佛教的人，能够自我认识提高到觉悟的阶段。另一种则是让他人也觉悟，也就是佛教的“自觉觉他”，菩萨就是这样身兼二职的佛教人物。因此，历史上对于这样的人物，还翻译成开士、始士、高士、大士等。按照翻译家们的解释，开士就是以法开导众生之士；始士者，开始觉悟之士；高士者，高明之士；大士者，实践大乘佛法之士，如五台山南禅寺大佛殿唐代胁侍菩萨

图 2-1　五台山南禅寺大佛殿唐胁侍菩萨像

（图 2-1）。在佛教传说中，菩萨还代表未成佛的含义。如释迦牟尼在成佛之前的身份就是菩萨。因此，菩萨又代表了佛教修习的一个阶段，这个阶段开始脱离人间苦海，但尚未达到顶尖的高峰，所以在佛教艺术形象中，菩萨一直都居于佛陀的身边，还以身着俗装的形式，表明自己亦佛亦人的双重身份（图 2-2）。为区别菩萨修行精进的不同阶段，佛教造像之中还有供养菩萨群体（图 2-3）。这些菩萨的阶段较之四大菩萨低，标志就是常常跪坐或半跪在佛陀的门下，四大菩萨的身边，手中或捧着美味，或手持敬献的鲜花（图 2-4）。

另外，菩萨也是大乘佛教的目标。大乘佛教认为，好好修习的最高阶段就是菩萨，也就是能够自觉觉他的程度。大乘佛教根据“人人具有佛性，人人皆可成佛”的理论，把凡是立下宏愿，

图 2-2　五台山佛光寺东大殿唐供养菩萨

图 2-3　五台山南禅寺大佛殿唐胁侍菩萨

图 2-4　五台山佛光寺东大殿唐跪坐供养菩萨

图 2-5　朔州崇福寺西壁金菩萨

上求佛道、下化众生的都称之为菩萨。后来这个名称更加扩大化、世俗化，人们把那些精通佛法、德高望重的寺院高僧和在家居士也称作“菩萨”。菩萨的任务是将所有轮回中的众生度化成佛。到了宋元明清时期，社会上也把那些慈悲善良的人们称为“菩萨”。

佛教形象世界里，菩萨比比皆是。其最早的形象是男性，带胡须，后来逐渐将胡须去掉，体形也由健壮的男性转而为妩媚的女性。如山西朔州崇福寺金代壁画菩萨，身体、眉眼和手指虽然都是女性的特征，嘴唇上下却留着胡须（图 2-5）。这种亦男亦女的形象，表现的是无性，反映的是佛教所倡导的无欲。随着佛教世界的扩充，菩萨的阵营也随着释迦牟尼、阿弥陀佛等主尊而不断扩大。最早的是文殊和普贤，接着是观世音和大势至，大势至后来被淡出，以地藏菩萨所替代，最终以四大菩萨的形式而定型。这四大菩萨分别是文殊、观音、普贤和地藏，分别代表佛教的大智、大悲、大行、大愿，教化众生，救度苦难，引导人们迈向佛国圣域。

观音菩萨

观音菩萨原名“观世音”“光世音”“观自在”“观世自在”，是中国佛教世界里名气最大、庙宇最多，也最受人们爱戴的佛教形象。所谓观世音，就是他能够及时观察感觉到世界上所有痛苦的声音,并能够循着声音找到苦主,帮助其解脱苦难。根据《法华经观世音菩萨普门品》说，观世音原本是印度的一位菩萨，他的神通是，只要受苦受难的人们念诵他的名号，他就会即刻前往现身拯救：“若有无量百千万亿众生，受诸苦恼，闻是观世音菩萨。一心称名观世音菩萨，即时观其音声，皆得解脱。”（图 2-6）

人间供奉观世音的另一个目的，是希望他能够将凡夫俗子介绍并接引到西方极乐世界的阿弥陀佛身边，享受永恒的礼遇。而且，这些被观世音接引上路的善男信女们，有了观世音的介绍和领路，当然不会迷失方向，所以，在民间的观音庙之中，就常常悬挂“慈航普渡”的匾额。

观世音拥有众多的名号、众多的化身。如天台宗就有六观音之称。这六位观音分别是大悲观音、大慈观音、狮子无畏观音、大光普照观音、天人丈夫观音、大梵深远观音。六位观音名称不同，所担当的职责也各不相同。如大慈观音，专门破除饿鬼道三障，狮子无畏观音则专破畜生道三障。有趣的是大光普照观音，其职责居然是破除人们的猜忌嫉疑！和天台宗一样，密宗也有六观音。密宗的六观音分别是圣观音、千手观音、马头观音、十一面观音、准提观音、如意轮观音，其中千手观音还具有一千只眼睛。另外，有三十三观音之说，这三十三尊观音，就包括常见的杨柳观音、白衣观音、水月观音等。民间最广为流传的还有送子观音，而且这一不在佛教经典之中的送子观音，乃至观音娘娘，更是老百姓最亲密的神祇，其庙宇遍布城乡。

佛教经典中，观音是一位太子，是男性，因此敦煌早期壁画彩塑中的观音形象，嘴唇上都有两撇细细的胡须，其形态也比较壮实健康。但是不知为何，唐代以后，观音的胡须一度被省略，身躯也逐渐苗条婀娜起来，俨然翩翩少妇或老妇。观音何以被艺术家们改

图 2-6 四川万佛寺观音菩萨头像

变性别？《法华经持验记》说，有一个漂亮的卖鱼女子，面对众多求婚者，提出的条件是谁能够背诵佛经就嫁给谁。当一个姓马的郎君真的按照要求背诵过了三部经书之后，嫁过去的新娘子却在进门之后忽然得病暴亡，让马郎君竹篮打水空欢喜一场。后来一个和尚告知众人，这是观音菩萨特地化身民间，教导众生的。如此，观音转化成女性的相貌，在社会上逐渐流行起来。到了宋元时期，观音菩萨的身世再次被人们提起，并将其塑造成为一位公主的形象，说是西方妙庄王的女儿，名叫妙音，由此定型为女性。观音由男转女的形象变化，虽然有上述传说，但更主要的可能与其大慈大悲的行为职责相关。佛经说菩萨能够体察民情，了知苦难，心地慈善，温柔亲切，富于同情心，与女性的性格吻合，让其附着在女性躯体上，当然最贴合民意。

云冈石窟第 17 窟主尊是弥勒菩萨，东壁主佛则是阿弥陀佛。

其左右（南北）两菩萨中北侧菩萨头戴宝冠，宝冠正中是一尊化佛，这就是观世音。同样的形象在 18 窟北壁东侧菩萨的宝冠上也有一尊化佛（图 2-7）。按照《佛说无量寿经》下卷的说法，佛和阿难讨论时，“阿难白佛：彼二菩萨，其号云何？佛言：一名观世音，二名大势至。此二菩萨于国土修菩萨行，命终转化，生彼佛国”。观世音的形象就是“顶上毗楞伽（宝玉）摩尼妙宝，以为天冠，其天冠中有一立化佛”。宝冠正中的化佛遂成为鉴别观音菩萨的重要标志。观音菩萨的另一个标志是手提净水瓶，瓶中装的是毗舍离城人给予的杨枝净水，这些水能够消灾除害。宋代以来的杨柳观音，就是一手持净瓶，一手执柳枝。传说净瓶里的水取之不尽，用之不竭，甚至还能够像龙王一样，解除旱灾（图 2-8）。

图 2-7　云冈石窟第 18 窟北壁东侧观音头像

图 2-8　诸城体育场出土北齐观音头像（诸城市博物馆藏）

大势至菩萨

大势至菩萨和观世音一起，是最早的两大菩萨，后来又和释迦牟尼的文殊、普贤并列，成为最早的四大菩萨。按照《佛说无量寿经》，大势至和观世音菩萨一样是阿弥陀佛的上首菩萨，胁侍在阿弥陀佛的身边。和观世音的职责不同，大势至的作用是以威猛的力量和智慧光帮助人们脱离苦难。《翻译名义集》卷一《菩萨别名篇》："思益云：我投足之处，震动三千大千世界及魔宫殿，故名大势至。《观经》云：以智慧光普照一切，令离三涂，得无上力，是故号此菩萨名大势至。"另外的解释说，"大"是法身大，即所证之法身，以法身竖穷横遍，故名大；"势"是智慧，能以般若智内破烦恼惑，外伏诸魔怨，故名势；"至"是究竟义，即解脱德。所以《悲华经》卷三说，当阿弥陀佛入灭后，由观世音菩萨补其位；观世音菩萨入灭后，则由大势至菩萨递补成佛，掌握化权，号善住珍宝山如来。民间还传说其道场在江苏南通的狼山。

按照《悲华经》的说法，大势至和观世音都是无净念王的儿子，观世音为长，大势至为次。无净念王成佛为阿弥陀如来后，两位太子分别成为两尊菩萨，侍立在阿弥陀佛的身边，协助阿弥陀佛极乐世界的佛教事业。

大势至的标准形象是“顶上肉髻，如钵头摩（赤莲花）华，于肉髻上有一宝瓶，盛诸光明，普现佛事”。如日本东京国立博物馆藏飞鸟—奈良时代铜造势至菩萨（图 2-9）。云冈石窟第 17 窟阿弥陀佛左侧（南侧）菩萨的形象就是宝冠正中一宝瓶。由此，大势至的标志形象即以宝瓶为准。如西安市西关王家巷出土的一尊唐代大势至菩萨头像，其宝冠正中就嵌着一只宝瓶（图 2-10）。

文殊菩萨

文殊菩萨，又称文殊师利菩萨、曼殊室利菩萨，亦称妙吉祥菩萨，佛教四大菩萨之一，释迦牟尼佛的左胁侍菩萨，代表聪明智慧。因德才超群，居菩萨之首，故称法王子。文殊或曼殊，意为美妙、雅致、可爱，师利或室利，意为吉祥、美观、庄严，文殊菩萨的名字意译为“妙吉祥”，是除观世音菩萨外最受尊崇的大菩萨。

文殊菩萨的道场在五台山。据《华严经·菩萨住处品》说：“东北方有处名清凉山，从昔以来，诸菩萨众，于中止住。现有菩萨文殊师利，与其眷属，诸菩萨众，一万人俱常在其中，而演说法。”《文殊师利宝藏陀罗尼经》亦说：“尔时世尊，复告金刚密迹主菩萨言：我灭度后，于此赡部洲东北方，有国名大振那，其国中间有山号为五顶，文殊师利童子，游行居住，为诸众生，于中说法。”经中所说清凉山及五顶山，即今山西五台山。这可是破天荒的大事！一种在南亚地区诞生的宗教，居然认可中土的五台山为首席菩萨的道场，自然让中土的信徒们受宠若惊。于是，描绘和美化五台山的艺术形式也应运而生，如敦煌石窟宋代壁画《五台山图》就以其具象的形式，记录了唐宋时期五台山佛教寺

图 2-10　西安王家巷出土唐大势至菩萨头像（西安碑林博物馆藏）

图 2-9　日本飞鸟—奈良时代铜大势至菩萨（东京国立博物馆藏）

院的大千世界，成为人人向往的佛国胜地，甚至超越了释迦牟尼的道场灵鹫山（图 2-11）。

文殊菩萨不但出身名贵，是王子级别，而且其问世的神奇，也和释迦牟尼相似。如《佛说文殊师利般涅槃经》中，佛对跋陀波罗说："此文殊师利有大慈悲，生于此国多罗聚落梵德婆罗门家。其生之时，家内屋宅化如莲华，从母右胁出，身紫金色，堕地能语如天童子，有七宝盖随覆其上，诣诸仙人求出家法，诸婆罗门，九十五种诸论议师，无能酬对，唯于我所出家学道。"（图 2-12）

传说，文殊菩萨比释迦牟尼年长，当他预知释迦牟尼佛即将降生的时候，有感于尼泊尔（加德满都）还是一片荒凉沼泽地，于是不避艰辛，提前二十余年，率领弟子数十人，由五台山至尼泊尔，移山填沼建造城池，以迎接伟大佛陀降临人间。如此一来，文殊菩萨还应该是释迦牟尼的见证人，佛陀世界的先行者。

在佛陀的世界里，文殊菩萨的特长是智慧，而智慧正是破除种种孽障的根本。传说他能够洞察纷繁世理，善于引导教化，不仅指引着芸芸众生，而且还被喻为三世诸佛成道之母，"譬如世间小儿有父母，文殊者，佛道中父母也"（《放钵经》）。传说他在过去世曾身为七佛之师，连释迦牟尼佛也曾得到过他的教诲。在诸大菩萨中，文殊更被冠以"大智"的尊号，他作为辅佐释迦牟尼弘扬佛法的上首，被敬称为"文殊师利法王子"。

在大乘佛教中，文殊菩萨不为佛教固有的教化方式所束缚，他的法门以善巧为特色，应机开示宣扬佛法，注重第一义谛，与众不同。他有过"仗剑迫佛"这样令人诧异万端的行为，也常用突如其来的诘难，用以警醒晓喻为表象、枝节所迷惑的有情人神。

北朝至隋唐时期的佛教石窟中常见有文殊菩萨问病维摩诘的故事表现。说的是在家居士维摩诘，为了获得佛教的真谛，故意装病，引诱文殊菩萨前来探视，维摩诘借此机会与文殊菩萨共同阐发佛教理论，两人通过一问一答的方式，解疑释惑，展现出佛教的博大。这种相互问答的方式在图像中的表现就是一人着俗装，如凡人，一人着菩萨装，俗人坐在矮足床上，手

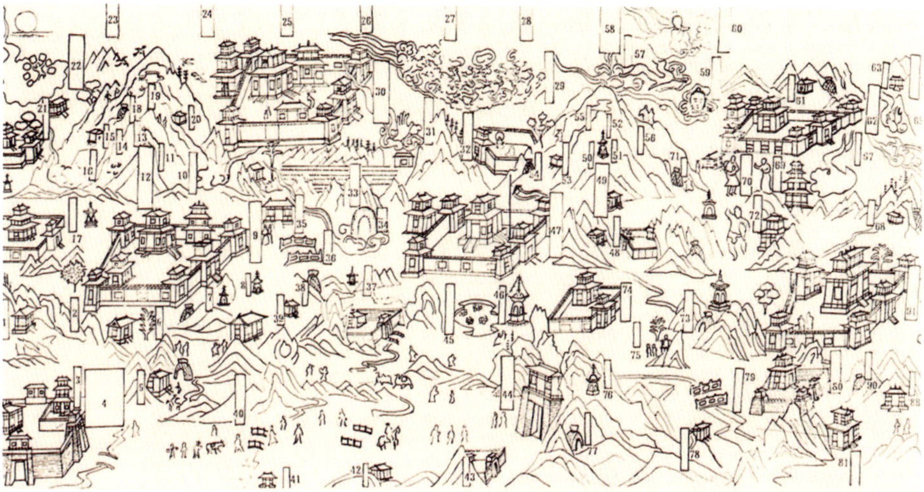

图 2-11 敦煌 61 窟五台山线图（引自《敦煌壁画》）

图 2-12 晋城古青莲寺
释迦殿宋代文殊菩萨

中还拿着一柄像蒲扇一样的麈尾，侧身右向文殊菩萨。如云冈石窟第7窟南壁最下层门的东西两侧就刻画了这样的故事。东侧据方床而坐的是维摩诘，西侧则是文殊菩萨。据《维摩诘所说经·文殊师利问疾品》："尔时佛告文殊师利，汝行诣维摩诘问疾……于是文殊师利与诸菩萨大弟子众及诸天人，恭敬围绕，入毗耶离大城……文殊师利既入其舍，见其室空无诸所有，独寝一床。……文殊师利言：居士，此室何以空无侍者？维摩诘言：诸佛国土，亦复皆空。又问：以何为空？答曰：以空空。又问：空何用空？答曰：以无分别空故空。又问：空可分别耶？答曰：分别亦空。"这段佛经，借文殊菩萨和维摩诘的问答，向信徒传递了大乘佛教空无的哲理。这里的文殊菩萨，貌似学生，求教维摩诘，并不是文殊菩萨智力低下，不知道"空"为何物，而是以这样的形式，让大众知晓佛教的高深理论，是有意为之。这种一问一答的形式可能是佛教传播的重要手段，也备受中土信徒们的青睐，所以，也成为文人士大夫们津津乐道的佛教故事，成为画匠、画师乃至文人画家们喜爱的绘画题材。或许，智慧高洁的维摩诘犹如魏晋士人，是士人们的影像和化身，所以，自北朝至隋唐，维摩诘和文殊菩萨问病故事就成为喜闻乐见的佛教故事题材，被描绘到寺庙和石窟的壁画之中。敦煌石窟第106窟中的文殊菩萨问疾维摩诘壁画，不但吸引了汉官和番王们前来听法，而且还惊动了天女前来散花助兴。

文殊菩萨的形象标志有二，一是和普贤菩萨左右站立在释迦牟尼的身边，头上不戴宝冠，也没有如观音、势至那样明显的宝瓶、化佛标志，只是寻常的菩萨装。后来，文殊和普贤菩萨被增添上坐骑，并成为其典型标志，文殊骑狮子，普贤骑象。五台山佛光寺唐人的做法是，文殊屈膝盘坐在狮子背上，和盘坐在象背上的普贤一样，或侍卫在释迦牟尼身边，或单独呈现，如日本般若寺镰仓时代文殊菩萨（图2-13）。

有趣的是，佛教中文殊菩萨的智慧是破除魔障，参悟大乘，但民间理解的智慧就是聪明，所以文殊菩萨又被奉为佛教的圣人，像孔子一样。因此，五台山也渐渐成为求取智慧聪明的场所，成为升学上进的圣地，引来了越来越多的香火供养（图 2-14）。

普贤菩萨

普贤菩萨，又名遍吉菩萨。关于“普”和“贤”，前人解释说：体性周遍曰普，随缘成德曰贤。普贤菩萨和文殊菩萨一样，也是出身名贵，王子级别，因此有的佛经就直呼他是佛的长子。他不但能广赞诸佛无尽功德，且能修无上供养，能做广大佛事，能度无边有情，其智慧之高，愿行之深，只有佛才熟知。如此，他的神通就是能够辅助释迦佛弘扬佛道，且遍身十方，和释迦牟尼、文殊菩萨合称为“华严三圣”。《普贤行愿品》称：“普贤行愿威神力，普现一切如来前。”“一切如来有长子，彼名号曰普贤尊。”

《法华经·普贤菩萨劝发品》称：“尔时普贤菩萨白佛言：

图 2-13　日本奈良县般若寺镰仓时代木雕文殊菩萨

图 2-14　五台山南禅寺大佛殿唐文殊菩萨

世尊，于后五百岁，浊恶世中，其有受持是经典者，我当守护，除其衰患，令得安稳……是人若行若立，读诵此经，我尔时乘六牙白象王，与大菩萨众，俱诣其所，而自现身，供养守护，安慰其心。”印度佛教学者龙树的《大智度论》卷九《十方诸菩萨来释论》说：“遍吉（普贤）菩萨自言：若有人诵读《法华经》者，我当乘白象来教导之。”由此可见，普贤乘象，是佛经所造。云冈石窟第13窟南壁乘象的菩萨就是普贤菩萨，这也就成为普贤菩萨的典型标志。通常情况下，凡是骑着大象的菩萨就是普贤菩萨。如山西五台山佛光寺唐代彩塑，以大象为坐骑的普贤菩萨就和骑着狮子的文殊菩萨左右胁侍着释迦牟尼（图2-15）。

作为释迦牟尼佛身边的两大菩萨，普贤主侍定德门，文殊主侍智德门。定德讲究的是行动，智德修习的是智慧，一定一智，定慧双修。

佛经说普贤菩萨有十愿十忍。十愿是：礼敬诸佛、称赞如来、广修供养、忏悔业障、随喜功德、请转法轮、请佛住世、常随佛学、恒顺众生、普皆回向。

十忍是：音声忍、顺忍、无生法忍、如幻忍、如焰忍、如梦忍、如响忍、如影忍、如化忍、空忍。

信徒若能达到十愿十忍，就能够经受住佛的考验，超度彼岸，永离苦海，成为佛陀世界的成员。

中土佛教认为，四川峨眉山是普贤菩萨示现教化众生的道场。据《华严经》载：有善财童子伫立妙高峰上，观此山如满月，大放光明。峨眉山又称大光明山，山顶为光明顶，正符合《华严经》的描述。东晋隆安三年（399）慧持和尚从庐山入蜀，在此修建普贤寺，供奉普贤菩萨，第一次将峨眉山变成普贤菩萨道场。北宋时，铸造普贤骑象铜像一尊。普贤像头戴五佛金冠，身披袈裟，手执如意，神态庄重，趺坐象背上。

地藏菩萨

地藏菩萨，也称地藏王菩萨。“地藏”之名取自“安忍不动如大地，静虑深密犹如秘藏”句。佛经中的地藏和弥勒佛相

图 2-15　五台山佛光寺东大殿唐代普贤菩萨

似，都是佛陀涅槃之后的替代者，不过弥勒替代的是佛陀，而地藏则是无佛时代普度众生的救世菩萨，其所处时间段在释迦牟尼涅槃之后，弥勒尚未下生之前。地藏以菩萨的身份来到人间，帮助人们渡过没有佛的困难时期。和弥勒菩萨一样，地藏菩萨也是佛教末法时代的主要信仰对象。按照《阎浮众生业感品》所说，地藏还能够超拔已入地狱的亡灵，“令离地狱恶趣畜生饿鬼”，《地藏菩萨本愿经·阎罗王众赞叹品》则说：“地藏菩萨在六道中，百千方便而度罪苦众生不辞疲倦。”而且当这些灵魂成佛后，地藏自己再成正觉。这种先人后己、不知疲倦的利他精神，当然最容易获得信徒的敬仰和信奉。特别是隋唐以来地狱空间被民间广泛接受后，地藏的作用更加突出，脱离地狱之苦遂成为地藏菩萨的神圣职责（图 2-16）。

按照十六国时期翻译的《大方广十轮经》所说，地藏菩萨的形象是“沙门”，沙门就是出家僧人的样子，其典型标志是光头赤足，身着僧衣，手里有时手持宝珠、锡杖，如日本滋贺县岭南

图 2-16　晋城古青莲寺地藏殿宋代地藏菩萨

寺地藏菩萨像（图 2-17），也有两手空空的形式。密宗系统的地藏形象，左手持莲花，右手扬掌。中土最早的地藏形象出现在初唐时期的龙门石窟、敦煌石窟等地，盛行于武则天执政时代。如台湾学者潘亮文所著《中国地藏菩萨像初探》所引龙门石窟造地藏菩萨铭文，有麟德元年（664）张君实“敬造地藏菩萨”，“乾封二年”（667）造地藏，等等，大多在中唐、盛唐时期。大英博物馆收藏的出自敦煌的一幅地藏画像，地藏就是一个眉清目秀的小和尚，虽然身着和尚的袈裟，却袒露右胸，大衣也像佛一样披在肩上，赤足踩在莲花座上，手中还提着一只净瓶（图 2-18）。

图 2-17 日本滋贺县岭南寺镰仓时代木雕地藏菩萨

图 2-18 敦煌唐地藏幡（大英博物馆藏）

图 2-19 日本奈良县东大寺 13 世纪木雕地藏菩萨

地藏年轻的面貌，表明他的接班人身份，其袒露的右胸，则是佛的资格，如日本奈良东大寺木雕地藏像（图 2-19）。由此，这位年轻英俊的形象就被定格为地藏菩萨的标准像。

唐宋以后，地藏进入中土为四大菩萨行列，取代了大势至的地位，与观音、文殊、普贤一起，领受着信徒们的供养。

和上述四大菩萨来自释迦牟尼的南亚不同，地藏菩萨的另一原型来自东亚的朝鲜半岛，是新罗国的一位留学僧。这位名叫金乔觉的外国和尚来到安徽九华山后，爱其环境优美，遂卓锡山中，潜心修行，并最终圆寂于此。因其生前笃信地藏菩萨，而且传说其容貌酷似地藏瑞相，人们便认定他就是地藏菩萨转世，九华山也就被认为是地藏菩萨道场。每年农历七月三十日，是传说的地藏菩萨诞辰之日。

日本民间有众多地藏形象，有的在田间地头，有的在墓地道旁，其称呼有“六地藏”之说。所谓“六地藏”，就是在佛教“六道轮回”的过程中，帮助人们解脱苦难的菩萨。不同阶段的地藏，其手势及所持道具也不一样。如在地狱阶段帮助人们的地藏菩萨，左手托宝珠，右手持锡杖；天上阶段的地藏，则手端香炉，领路导引；阿修罗阶段的地藏，双手合掌礼拜；人间阶段的地藏，细数念珠；饿鬼阶段的地藏，左手托宝珠，右手施无畏印，用以震慑妖邪；畜生阶段的地藏，则手握如意。地藏的不同手势和道具，显示着地藏在不同阶段的所作所为和能力神通，也让信徒一目了然，信奉有据。地藏菩萨在最痛苦的六道轮回过程中帮助人们解脱的功能，让信徒们不得不对他另眼相看，特别崇拜，如日本镰仓市六地藏菩萨（图 2-20）。地藏和“六道”内容结合，开始于中唐时期，以表现地藏菩萨解救六道众生的思想。到晚唐时候，在“六道”的基础上，又加入了地狱十王的观念，进而发展为地藏、六道与十王的组合，地藏菩萨因此也就被纳入地下世界，成为亡灵们在阴曹地府唯一的佛教崇拜主体。在和阎王爷共同掌管的地下空间内，地藏菩萨备受崇敬。如山西晋城古青莲寺、灵石资寿寺，都把十殿阎王安排在地藏殿中。

山西洪洞县广胜寺上寺元代彩塑地藏菩萨俗装形象很像一位

图 2-20　日本镰仓市六地藏

乡绅，虽然其右腿盘起，左腿下垂，右手还扬起作说法的样子很像弥勒菩萨，其大衣也袒露出右胸，但内衣只露出脖颈的样式表明，地藏菩萨尚处于俗装阶段，或者他是故意以俗装的形象接近世俗（图 2-21）。

图 2-21　洪洞县广胜寺上寺地藏殿元代地藏

日光菩萨

日光菩萨又名日光遍照、日曜，是药师菩萨的胁侍，和月光菩萨对称，是东方琉璃光净土世界的两大菩萨，如日本药师寺白凤时代日光菩萨（图 2-22）。日光菩萨的名号，取自“日放千光，遍照天下，普破冥暗”的意思。传说，在久远的过去世，电光如来行化世间，时有一位梵士，养育二子，因苦于世间浊乱，乃发菩提心，誓愿拯救病苦众生。当时的电光如来对之甚为赞叹，劝梵士改名号为医王，二子改名为日照、月照。这位被电光如来改名的梵士，成佛之后就成了药师佛，二位公子也就成了日光和月光菩萨。日光菩萨和观音菩萨一样，也是从慈悲本愿开始，普施三昧，并以光明照耀法界俗尘，摧破生死暗冥，犹如日光遍照世间。

日光菩萨的典型特征是宝冠上有一日轮。日光遍照在佛法上表智慧，放射无量光明，普透一切宇宙生命，使自昏昧迷蒙中醒觉，如日本奈良东大寺法华堂的日光菩萨，发髻正中嵌着一枚日

图 2-22 日本奈良县药师寺白凤时代铜日光菩萨

图 2-23 日本奈良县东大寺法华堂天平时代木雕日光菩萨

轮（图 2-23）。

月光菩萨

月光菩萨又名月净菩萨、月光遍照菩萨，月光遍照在佛法上表静定，映现明澈清辉，容摄大千芸芸众生，使众生免受贪、嗔、痴三毒侵害。日光菩萨依靠光明的能力解除俗人的苦难烦恼，而月光菩萨则以清凉如月的法乐帮助人们解除烦恼。

月光菩萨的形象，是宝冠上有月轮。如日本奈良东大寺法华堂月光菩萨身着唐服双手合十，表情恬适自然（图 2-24）。但日

图 2-24　日本奈良东大寺法华堂月光菩萨

图 2-25　日本和歌山县道成寺平安时代月光菩萨

本和歌山县道成寺的月光菩萨，却将月轮放在手持的莲花蕾上（图 2-25）。与不空羂索观音帮助人类挑战残酷的现实生活相比，月光菩萨则使祈祷者的心灵净化升华，把人引入清净世界。

供养菩萨

供养菩萨是人神之间的菩萨。按照佛经的说法，对佛的供养有三种：一是利供养，即鲜花、香火、灯明、饮食、资财等实在的物质供养（图 2-26）；二是敬供养，即礼敬、朝拜、赞美、歌颂等精神供养；三是行供养，即敬奉三宝、受持戒律、修行善法的供养，身体力行的实践。这三种供养又称为财供养、法供养和观行供养（图 2-27）。

在佛教造像体系中，主尊是佛，左右是弟子、菩萨，门口是天王、力士，供养菩萨作为身体力行者，则被安排在登堂入室的

图 2-26　佛光寺东大殿供养菩萨（左）

图 2-27　佛光寺东大殿供养菩萨（右）

图 2-28　五台山佛光寺的大殿托桃供养菩萨

图 2-29　敦煌盛唐彩塑供养菩萨像（敦煌博物院藏）

位置，虽不能和文殊、普贤等大菩萨们一样，侧身佛陀身边，但也可以或跪或蹲在大菩萨们的身边，表达着对佛陀的虔诚之心。如五台山佛光寺唐代供养菩萨，就都被安置在须弥座前边的位置，两位供养菩萨虽然装束和站立的胁侍菩萨大致相同，但却单腿跪蹲在仰莲台上，手捧水果，等待着佛陀的享用。这种已入佛界却仍然还是侍者的姿态表明，供养菩萨的形象是在引导人们像他们一样，虔诚地奉行着三供养的尊佛行为，这样就可以进入佛的世界（图 2-28）。

除了蹲、跪的姿势外，供养菩萨还有奏乐、歌舞、献花、敬香、燃灯、持经、听法、思维、禅定等姿势，这些不同的姿势旨在告诉人们，供佛敬佛就要像他们那样。供养菩萨的姿势，其实就是一种示范，一种榜样，一种身体力行的说教，让善男信女们更加亲近佛陀、贴近佛陀，最终成为佛陀家族的成员，永远摆脱轮回的痛苦。如敦煌研究院藏盛唐供养菩萨，也和五台山佛光寺的供养菩萨一样，半跪在莲座之上（图 2-29）。

二、众观音

随着佛教传播的普及和流派的增加，原本的四大菩萨远远不能适应信众的需求，第一大菩萨观世音，也开始有了佛一样的地位和待遇，有了属于自己的造像体系，有了自己的庙宇和香火，而且也有了不同的名号和身份。如天台宗就有六观音，民间传说还有鱼篮观音、马头观音种种名称。不同的名号和形象，让观音菩萨深入人心，成为民间最主要的佛教形象，如首都博物馆藏明代早期铜镀金观音，就是常见的民间观音形象（图 2-30）。到了明代晚期，观音的形象随着藏传佛教的影响，也改变了自己的形象，大士的头饰改换成镂空的宝冠，坐禅的手相也改成了说法的样子，如首都博物馆藏的另一尊明晚期铜镀金杨枝观音菩萨（图

图 2-30 首都博物馆藏明早期铜观音像

图 2-31 首都博物馆藏明晚期观音像

2-31）。

天台宗的“六观音”分别是大慈观音、大悲观音、狮子无畏观音、大光普照观音、天人丈夫观音、大梵深远观音。这六位观音，各有自己的神通。如大慈观音破饿鬼道三障，大悲观音破地狱道三障，狮子无畏观音破畜生道三障，大光普照观音破阿修罗三障，天人丈夫观音破人道三障，大梵深远观音破天道三障。天台宗的六大观音菩萨，主要职责是破除佛教的“六道轮回”魔障，这与后来的地藏菩萨所担当的任务一样。随着佛教界分工的逐步明确，天台宗的六大观音菩萨，除了“大慈大悲”这个名号外，其他名号逐渐被人们所遗忘，淡出了佛教信仰的体系。

密宗也有六观音。他们分别是：千手观音、圣观音、马头观音、十一面观音、准观音、如意轮观音，其中千手观音家喻户晓。

圣观音

图 2-32　宋代观音菩萨头像（西安碑林博物馆藏）

圣观音就是原形观音，也就是标准观音。其形象通常头戴天冠，冠中有阿弥陀佛像，结跏趺坐于莲花座上，身上有璎珞、项钏等装饰。其面相端庄、慈祥、悲悯。如西安碑林博物馆藏宋代观音菩萨头像，宝冠正中就是一尊坐佛（图 2-32）。观音的手相有几种形式：一、左手曲肘举胸前，拇指尖顶在食指尖成环圈状，其余三指直竖，作施大悲无畏印，右手托净瓶；二、左手持莲花，右手结大悲施无畏印；三、双手放在胸前腿上结法界定印或者弥陀定印；四、双手作说法印；五、一手持莲

图 2-33　西安东关景龙池出土唐观音菩萨（西安碑林博物馆藏）

图 2-34　日本奈良县药师寺东院堂白凤时代铜圣观音

蕾，一手抚摩。如 1952 年西安东关景龙池出土的观音造像（图 2-33）。圣观音两旁有善财童子和龙女胁侍。民间供奉的圣观音法相大多为女相，身着白色天衣，其面相颇似中国古代仕女的造型。日本奈良药师寺东院堂有一尊站立的圣观音像，其左手上举，屈起食指，右手下垂，屈起中指。像佛一样敞开胸怀，赤足站立在莲花座上（图 2-34）。

千手观音

千手观音因为近年的一个舞蹈而家喻户晓。千手观音全称应该是千手千眼观音。如日本奈良唐招提寺的千手观音，其形象是 11 个头，42 只手，除了正面两手合十胸前外，其他的手像翅膀一样被安排在身体的两侧。虽然叫千手观音，其实除了正常的两只手外，只有四十只手，一只手承担 25 个世界的众生，40 × 25 = 1000。另外，这 40 只手，还要分别拿着不同的法器，如镜、

图 2-35　日本京都三十三间堂镰仓时代木雕千手观音

月轮、宝珠、经卷、法印等等，如日本京都莲花院三十三间堂千手观音（图 2-35）。镜子的目的是开智慧之眼，月轮的作用是去热、毒，宝珠象征财富，法印象征辩才，斧头除灾招福，独钻破除烦恼，葡萄代表五谷丰登，莲花象征净土理想。化佛能够护佑，三钴可以降魔，柳枝专门祛病，数珠念诵功德，勾剑弓盾等兵器降龙伏魔消灾解难，如此等等，不一而足。

西藏博物馆收藏的明代千手观音，十一面分五层排列，一至三层三面，四五层各一面，八只主臂正面两手合十，其他六只左右对称各结不同手印，持各种法器。身后的千手千眼呈扇形展开如圆形背光（图 2-36）。罗布林卡收藏的清代千手观音造型和西藏博物馆收藏的明代观音相似，十一面观音像上下五层排列，最上一层是阿弥陀佛的正面像，其下是忿怒明王的正面像，这两尊圣像拥有共同的桃形火焰背光。其下三层为观音像，每层三面。观音的千手也不是招提寺那种样式，在正常的两手之外增加 40 只手，而是 8 只主臂加 32 只附臂，32 只手臂左右各 16 只，组成孔雀开屏式的扇面，像背光一样附着在观音的背后（图 2-37）。

千手千眼观音所担当的工作就是为更广大世界的众生救苦救难，其手中所持的法器无不是为民解脱苦难、造就幸福的。因此，千手观音也就是凡夫俗子的大救星，信仰了千手观音，就不愁脱离不了苦海，不愁过不上好日子。

图 2-36　明十一面千手观音鎏金铜像（西藏博物馆藏）

图 2-37　清十一面观音细部（罗布林卡藏）

十一面观音

图 2-38　西安西郊出土十一面观音（西安碑林博物馆藏）

十一面观音，分四组三层。正三面是慈悲面相，化善有情；左侧三面是恶面，化恶有情；右侧三面是寂静面，化导出世净业。三面教化三界，共九面。背后一面是暴笑面，表示教化事业需要有极大威严和极大意志方能无懈而有成就。最上一面是阿弥陀佛，是佛地，代表功德圆满。如西安市西郊空军通讯学校出土的一尊十一面观音菩萨残头像，发髻正中是一站立的化佛，左右两侧则各有3个观音头像（图2-38）。关于观音十一个头面之象征意义，一说以左右十面表示因位十地，最上一面表示十一地佛果，以便使一切众生转生得十一地佛果。藏传佛教还有一说，罗刹鬼有十个脑袋，非常狂妄自大，观音变成十一个头，才将其降服。

有关十一面观音的经典最早出自北朝，由天竺僧耶舍崛多于北周保定四年（564）翻译《十一面观音神咒经》，唐永徽四年（653）阿地瞿多译《陀罗尼集经》卷四之经，唐显庆元年（656）玄奘译《十一面神咒心经》。此三种经其实都是出自《金刚大道场经》的同本异译。不空还译有三卷本《十一面观自在菩萨心密言念诵仪轨》。唐高宗、武则天时期，十一面观音画像开始出现，如敦煌石窟从唐初直到西夏，都有此经变壁画流行。如敦煌321窟初唐壁画十一面观音，十一颗头颅像宝塔一样累积在一起，面向着四面八方（图2-39）。

佛经说人们若能够持诵《十一面神咒心经》，现世可得十种果报，十种胜利，能够脱离诸种病害，临终见佛，不堕地狱，得

图 2-39 敦煌石窟第 321 窟初唐十一面观音（邵宏江摹）

生极乐世界。这些功德利益，使十一面观音信仰迅速传播。

日本奈良东大寺二月堂修二会，是该寺一年中最重要的法事活动，始于天平胜宝四年（752），其正式名称即为十一面悔过法。所谓的“十一面悔过”就是在十一面观音前忏悔日常所犯的过错。人有贪、瞋、痴三毒，要犯各种错误，随着心垢不断积蓄，就会迷失方向，不能正确认识事物，甚至患病。通过十一面悔过，可以消除因所犯恶业而带来的不幸和灾难，清净心身。

观音菩萨之所以被设计成千手千眼十一面，是受了南亚地区古代怪力乱神形象的影响。如释迦牟尼诞生之前的吠陀神话中，就有多头、多目、多臂的形象。南亚早期神话中亦善亦恶的楼陀罗就有一千只眼睛，后来演化成的毁灭与降魔神湿婆则生了五个头、四只手。头上还有三只眼，其中竖着长的第三只眼能喷射出神火，烧毁一切。这些古印度时期的怪神逐渐为佛教所接受，并被改造成多头多臂多眼的形象，如密宗的大自在天，一头三目八臂；辩才天，一面八臂，等等（图 2-40）。

图 2-40 日本永青文库藏唐宝庆寺十一面观音造像

不空罥索观音

罥是狩猎时绊倒野兽的绳，索是钓鱼的线。不空罥索的意思是观世音菩萨以慈悲的罥索，救度化导众生，其心愿不会落空的意思。依照《不空罥索神变真言经》所传，在过去第九十一劫最后劫，观世音菩萨曾经接受世间自在王如来的传授，而学得不空罥索心王母陀罗尼。并于初得此陀罗尼时，即证得十百千不空无惑智庄严首三摩地门，由此真言之力，现见十方无量无数种种刹土诸佛如来所有会众，而皆供养听闻深法，辗转教化无量有情，皆得发趣无上菩提。此后，观世音菩萨即常以该真言教法，化导无量百千众生。因此，当观世音菩萨示现化身，以此法救度众生时，便称为不空罥索观音。

日本奈良东大寺法华堂不空罥索观音像，三眼八臂，第三只眼竖在额头正中，犹如《西游记》中杨二郎的样子。八只胳膊中间两只双手合十，另六只手左右分列，各持法器，其中最典型的是左侧中间手中所持就是一圈绳索，这绳索就是不空罥索（图2-41）。

图2-41 日本东大寺不空罥索观音像

如意轮观音

如意轮观音，以其手分别持如意宝珠和宝轮，故名如意轮菩萨，密号为持宝金刚（图 2-42）。

如意轮观音的形象一般为六臂，手持如意宝珠和宝轮。据《如意轮瑜珈念诵法》载，尊者具六臂，全身金色。头上结宝顶髻，戴庄严冠，以示庄严，冠有阿弥陀佛住天说法相。六臂表示能游于六道，解除六道众生的诸种苦恼。右边第一手作思维相，表示愍念众生；第二手持如意宝珠，表示能满足众生的愿望；第三手持念珠，表示渡一切众生苦。左边第一手按明山，意为成就众生信心无动摇；第二手持莲花，以莲花喻洁净，表示能净各种不合佛法之事；第三手持宝轮，表示能弘扬佛法，顺转无上法轮，使佛法永驻世间。六臂表示能游于六道。另外还有手作说法印，或持钩杖等多种，如日本大阪府观心寺如意轮观音，几只手各司其职（图 2-43）。

图 2-42　唐金铜如意轮观音（日本大和文华馆藏）

图 2-43　日本大阪观心寺木雕如意轮观音

马头观音

马头观音，因以马首置于头顶，故称此名。马头观音是六道中畜牲道的护法明王，也称马头明王、马头金刚或马头大士。如西安市安国寺旧址出土的唐代马头观音造像，观音正中发髻上端坐着一尊坐佛，坐佛上有一马头（已残）。观音呈男性特征，三头六臂，怒目獠牙，作忿怒相，六只手或执斧，或举棒，或携念珠，或持净瓶（图 2-44），盘膝端坐在仰莲座上。

马头观音的形象通体赤红，三面八臂，三目圆睁，獠牙外露，头发和胡须着红黄两色并向上竖起，呈狮子无畏相。马头观音的三面表示空灵悟性，八臂表示智悲双运，三目圆睁表示降伏三界

图 2-44　安国寺出土唐马头观音像（西安碑林博物馆藏）

恶魔，獠牙外露表示震慑一切阻碍众生运行的魔障。马头观音的主要法力有：降伏罗刹、鬼神、天龙八部中的一切恶魔，消除无明业障、瘟疫、病苦，免去一切恶咒邪法。在六观音中，唯有马头观音在发髻上有一个或三个马头，是护佑人们出行平安的象征。另外，马头观音还像天王力士一样，手持斧、剑、金刚杵等兵器，并以冲冠的怒发、瞪眼咧嘴的形象，震慑不轨之徒、之事，如日本京都大报恩寺镰仓时代的木造马头观音，就完全是一个恶神的形象（图 2-45）。

图 2-45 日本京都大报恩寺镰仓时代木雕马头观音像

传说在古印度教里，有三尊主神，其中一尊就是毗湿奴神。她由一条叫阿南塔的大蛇承托，沉睡在混沌之海上，每次醒来，都会从肚脐中生出一朵莲花，每朵莲花便幻化成一尊真神。然后她再次睡着，反反复复，无穷循环。六道中畜牲道的恶魔得知印度教主神庙里有一部圣典，众生看后便可免去六道轮回之苦，早成正果，于是不顾六道轮回定律，放火焚烧神庙，想趁乱偷取圣典。毗湿奴神在睡梦中感知此事，骇然惊醒，从肚脐中生出莲花，立时幻变成何耶揭梨婆，也就是后来所称的马头观音。何耶揭梨婆施展法力，降伏了这一恶魔，并成为畜牲道中恶魔的克星。

白衣观音

白衣观音，又名白衣大士，是民间最受尊崇的观音菩萨形象之一。因其身穿白衣，又在白莲之中而得名，其住处也被称为“白处”。白色象征纯净菩提心，表示观音胸怀菩提之心。《大日经疏》说：“以此尊常在白莲华中，故以为名……白者，即是菩提之心。住此菩提之心，即是白住处也。”《观世音菩萨说普贤陀罗尼经》也有这样的说法：“若造像观音，坐华屋，着五色衣，胡跪拿掌，面向佛看，听佛说法。下作毗陀，天女互跪坐，手奉花冠，着白衣，上向菩萨。”身穿白衣听佛说法，表示听者心地纯净无邪，以此服饰表达对佛的尊崇。

白衣观音的形象除了服饰色白外，其左手还持白莲花，右手作与愿印，或结跏趺坐于赤莲花之上，或赤足站在莲花之上。白衣观音的法力是能够帮助人们延寿、消灾等。

水月观音

水月观音，又称水吉祥观音、水吉祥菩萨，是观世音一心观水相的化身。根据《佛说水月光观音菩萨经》，信奉水月观音，可以满足六种祈求，这六种祈求就是消除六道轮回的危难和痛苦。

水月观音形象有多种。一种是站立在海面漂浮的莲花上，观看水中之月。另一种是以莲花坐姿趺坐在大海中的石山上，右手持未敷莲花，左手作施无畏印，且掌中有水流出。还有一种是以如意坐的姿态悠闲地坐在水边。所谓如意坐就是一腿盘曲，一腿下垂，一手触地，一手随便搁置在屈起的膝盖上。敦煌唐代水月观音画像，观音处于圆形的月光正中，左脚下垂，赤足踩着水中的莲花，其左手托宝瓶，右手持柳枝（图 2-46）。有水有月，身份明确。其所以命名为水月观音，也有不同的说法，有说是因为其形象作观看水中之月状，也有说是由于其形象浮在海上，犹如

图 2-46　大英博物馆藏敦煌五代水月观音画像

水中之月。总而言之，无论是观看水中之月，还是月光下戏水，一个明确的宗教目的是隐喻现实世界的虚幻，犹如水中月镜中花。

唐张彦远《历代名画录》载，周昉曾经在长安胜光寺画了一幅水月观音，画中绘一轮圆月把观音团团围住，周围有一片竹林。原作虽已荡然无存，但将观音和圆月、水结合在一起，可能就是唐代的定式。如榆林石窟第 2 窟西壁南侧西夏水月观音壁画，观音被安置在一轮圆月之中，面向莲池的清水（图 2-47）。唐代的水月观音是女性的身子，男性的胡须。宋以后，胡须去掉，到了

图 2-47　榆林石窟 2 号窟西夏水月观音

图 2-48　宋代木雕彩绘水月观音（香港佳士得 2012 年春拍）

元代，背景依然有圆月、湖水、杨柳净瓶以及瀑布，观音却是身披长袍、坐姿优雅的端庄女性。此时水月观音也完全变身成为女性观音的造型。2012 年香港佳士得春拍一件宋代木雕彩绘水月观音，右手自然搭在支起的右腿膝盖，显得十分悠闲自得（图 2-48）。

按照中国佛教徒的理想，水月观音其实就是南海观音，她所观看水月的地方就在普陀山，也就是北方人心目中的南海。她的住处四周全是水，她或站或坐在水中央的莲花座上，身边的童子既有哪吒的哥哥木吒，也有牛魔王和铁扇公主的儿子红孩儿。但这里的观音菩萨已经没有了唐宋时期的自由自在，而是作为南海的主宰，也像佛一样正襟危坐了。

鱼篮观音

鱼篮观音是三十三观音中的一员，她的作用就是以美色诱导信徒信奉佛教。据《法华持验经》记载，唐代陇右人善骑射，不怎么知道佛教。于是有一个美丽的女子提着鱼篮来到这里卖鱼，人们见其漂亮，都争着想娶她为妻。卖鱼女子说，谁能一夜间背过《普门品经》就嫁给谁。结果有二十多人背过了经书，卖鱼女子说我不能嫁给二十人，还得挑，那就是谁能背过《金刚般若经》就嫁给谁，但是也有十人符合条件。卖鱼女子又提出新的条件，那就是谁能三天内完整背诵出《法华经》就嫁给谁。三天过去，一位姓马的男子胜出，卖鱼女子就答应嫁给他。但奇怪的是新娘刚过门就生病去世了。过了几天，一个老和尚央人掘开卖鱼女子的墓穴一看，却只有黄金锁子骨。老和尚对众人说，这个卖鱼女子其实是观音菩萨的化身，她的下凡，目的就是要教化人们信奉佛教，现在任务完成，回天上去了。这个故事，说明在佛教初传时期，可以动用任何手段，包括美色。而利用美色引诱人们的欲望，破坏信仰的坚定，也是释迦牟尼早年所遇到的事情。如外道们为了阻止释迦牟尼成佛，特别派出了妖冶的魔女在释迦身边唱歌跳舞，但佛祖最终没有上当。北京海淀区慈寿寺明万历十五年(1587)石刻鱼篮观音图碑为万历皇帝生母李太后所立，因为她笃信佛教，自称是观音菩萨化身，所以石刻的鱼篮观音形象就十分雍容华贵，手提篮子里的鲤鱼也十分肥美（图 2-49）。2013 年纽约佳士得网拍的一尊清代德化窑鱼篮观音，其体态面相和慈寿寺石刻观音相似，应该是受李太后的影响（图 2-50）。另一尊清代德化窑鱼篮观音和前述类似（图 2-51）。和明代不同，清代德化窑的鱼篮

图 2-49 北京慈寿寺明万历十五年石刻鱼篮观音

图 2-50 清鱼篮观音（2013 年 6 月纽约佳士得网拍）

图2-51 清鱼篮观音(2013 年香港佳士得春拍 流拍)

观音手中提的鱼篮极为小巧，犹如观音的某种符号，仅仅起到象征或界定的作用，说明这个时期的人们对于观音以何种形式出现已不再关注。

倒座观音

倒座观音就是水月观音、南海观音，不在天台宗和密宗六观音的行列，也不在三十三观音名册之中。之所以被称为倒座观音，是因为其坐南朝北。如山东灵岩寺千佛殿三尊佛像背后，就悬塑了一壁倒座观音及其南海世界（图 2-52）。

倒座观音的形象和水月观音、南海观音大同小异。如河北正定大佛寺明成化年间的倒座观音，也是如意坐姿，其一脚踏着含苞待放的莲花，一脚轻轻踞起，两只手自然抱膝，表情闲逸自若。

南海观音何以被安置在佛殿的背后，面对着后门？一个原因是节省，没有专门的观音殿，大殿之中也没有合适的位置，佛殿背面正好也没有其他神明。二是补缺。按照佛经的规定，观音菩萨的主要职责是观听世界痛苦声音，并将苦难中的俗人介绍引导到西方极乐世界之中。

图 2-52　倒座观音

南海观音

南海观音是民间对观世音菩萨的地域称呼。在观音三十三相之中本没有南海观音之说，但当观世音的道场被定位在浙江舟山的普陀山以来，人们就顺理成章地将南海和观音挂上了钩，与须弥山的佛祖一样，让观音菩萨也有了一个响亮的落脚地。尤其是由于明代小说《西游记》的推波助澜，南海观世音的名号家喻户晓。因此，在描述观音菩萨的生活背景方面，民间匠师们就将其置于波涛汹涌的大海之上，让观音菩萨与大海密不可分。观音庙壁画即以此为创作蓝本，竞相摹写，成为定式。如山西平遥双林寺菩萨殿明代悬塑南海观音，虽然其坐姿是水月观音的样子，但其背景已经是波涛翻滚了（图 2-53）。新绛福圣寺弥陀殿明代南海观音则让其站在腾云驾雾的龙身上，身边同样是波涛汹涌，而且在其旁边还有一个童子，与《西游记》的描述相同，说明民间对于南海观音所处的环境已经有了共识（图 2-54）。

图 2-53　平遥双林寺菩萨殿明南海观音

图 2-54　新绛福圣寺弥陀殿明南海观音

三、弟子

十大弟子

弟子是佛教世界的重要成员，其名号有十大弟子和六大弟子，最常见的是两大弟子。即迦叶和阿难。十大弟子及其能力分别是：

舍利弗，智慧第一；

目犍连，神通第一；

富楼那，说法第一；

须菩提，解空第一；

罗睺罗，戒行第一；

迦旃延，论议第一；

大迦叶，头陀第一；

阿律那，天眼第一；

优婆离，持律第一；

阿难陀，多闻第一。

在佛教造像艺术阵营，十大弟子通常被安排在释迦牟尼的身边，其形象光头，着法衣，赤脚穿凉鞋。

十大弟子中的形象还常常被借鉴到民间故事和文学作品之中。如民间家喻户晓的“目连救母”故事，就发生在目犍连身上。故事说目犍连的母亲吝啬贪婪，天天宰杀牲畜，大肆烹嚼，而且也无念子心，更不修善。她死后被打入阴曹地府，受尽苦刑惩处。目连为了救母亲而出家修行，得了神通，到地狱中见到了受苦的母亲后，祈求佛陀帮助，佛陀教目犍连于七月十五日建盂兰盆会，借十方僧众之力让其母吃饱，转入人世，最后进入天堂。敦煌发现的唐代目犍连救母变文有的为《大目乾连冥间救母变文》，有的是《大目犍连变文》或《大目连缘起》，讲的就是这个故事。

北朝早期佛教造像体系中，佛弟子常见的形象是侍立在佛的身边，与佛组合成一佛二弟子的形式，但也有其他形式，比如在云冈石窟第十八窟后壁正面虽然有了十大弟子，但弟子们被安排在主尊的后壁上（图 2-55），亲近佛陀的还是两大菩萨。按照《妙法莲华经》的说法，佛、菩萨、弟子们的次序是："初声闻，次菩萨，后杂众。……声闻形出俗网，迹近如来，证经为亲，故前列也。天人形怪服异，迹非侍奉，证经为疏，故后列也。菩萨形不检节，迹无定处，既不同俗，复异于僧，处季、孟之间，故居

图 2-55　云冈石窟第 18 窟北壁北魏弟子像

中仲也。”这里的声闻就是弟子。

迦叶

迦叶又名大迦叶，是释迦牟尼的第一大弟子。梵文名称为“摩诃迦叶”，“摩诃”是大的意思，摩诃迦叶即大迦叶。传说摩诃迦叶出身婆罗门家，曾经是一个地方宗教的领袖，后追随释迦牟尼成为弟子。在释迦牟尼的十大弟子之中，迦叶的特殊性有三：一是深得释迦牟尼信赖，可以享受半座待遇。二是头陀第一，能够坚持佛教的基本原则。所谓“头陀”，就是能够清心寡欲，虽身处恶劣环境，其志不改，并因此而扫除世间尘垢烦恼。三是能够依靠自己的修行达到辟支佛的地位。

《增一阿含经》说：“世尊告曰：迦叶！汝今年高长大，志衰朽弊，汝今可舍乞食乃至诸头陀行，亦可受诸长者请，并受衣裳。迦叶对曰：我今不从如来教，所以然者，若如来不成无上正真道者，我则成辟支佛。”意思是说，即使佛不出世，迦叶也可以依靠自己的努力成为辟支佛。

《阿育王经》中迦叶曾说偈言：“我以神通力，当持于此身，以粪扫衣覆，至弥勒佛出，以此故弥勒，教化诸弟子。”这里则说，当佛涅槃后，迦叶可以以苦行的方式，等待着弥勒的降生，填补佛涅槃和弥勒降生之间的空白。实际上，当释迦牟尼去世后，迦叶成为佛教教团的首领，于王舍城召集了第一次经典结集。

中国佛教禅宗还有一桩“拈花微笑”的公案，说大梵天王在灵鹫山，为了要令一切众生得大利益，请佛说法，并把一朵金色的婆罗花献给佛。这时佛答应了大梵天王的请求，高升法座，却一句话不说，只是手持婆罗花看着大家。在座的人都不理解，唯有迦叶破颜微笑。佛于是高兴地当众宣布：“我有正法眼藏，涅槃妙心，实相无相，微妙法门，付嘱摩诃迦叶。”同时还把平素所用的金缕袈裟和钵盂授予迦叶。这就是禅宗所说的“衣钵真传”的故事。中国禅宗把摩诃迦叶列为“西天第一代祖师”。

在汉传佛教中，迦叶常与阿难陀被安排在释迦牟尼佛身边，随侍释迦牟尼佛，并与佛陀一同接受供养，如炳灵寺第 31 龛唐

图 2-56 永靖炳灵寺石窟第 31 龛佛弟子

图 2-57 大同善化寺金代迦叶

代释迦牟尼组合中，阿难位居释迦牟尼的右侧，迦叶则在左侧（图 2-56）。大同善化寺大雄宝殿金代迦叶俨然一位慈祥的老汉，和阿难一起谦恭地侍立在释迦牟尼的身边（图 2-57）。在藏传佛教中，释迦牟尼佛身边则以目犍连与舍利弗取代迦叶、阿难。

阿难

阿难，又称阿难陀，是释迦牟尼的堂弟，在十大弟子中多闻第一。他在十九岁时出家，因为年轻，记忆力强，被选为释迦牟尼的侍者（图 2-58）。阿难侍奉佛陀二十七年，跟着佛陀到各地传道。他能够把佛的一言一语都谨记无误，在佛陀灭后举行的第一次圣典结集集会上，他出色的记忆力让他背诵出很多佛陀以往的演讲。那些记录下来的文稿就被整理成为佛经，对于佛法传播起到了很大的作用。佛经中经常出现“如是我闻”中的“我”即阿难。据说他曾经继迦叶之后，成为僧团的领导者。

阿难的另一个不寻常之处是，一生没有敌人。他躬行佛法，深知是佛法的熏陶才让他变得优秀，于是十分谦逊诚恳。因而即使他常受到佛陀公开的称赞，在僧团内身处高位，天天和大众激烈地辩论不同的问题，也没有招致别人的忌妒和怨恨。

在禅宗中，阿难被尊为印度第二祖。佛教造像体系中，他常常以一个年轻和尚的形象和迦叶侍立在释迦牟尼的两侧，虔敬地侍奉着至尊至大的佛陀，恭听佛陀的教诲（图 2-59）。

图 2-58　五台山南禅寺大佛殿唐代阿难

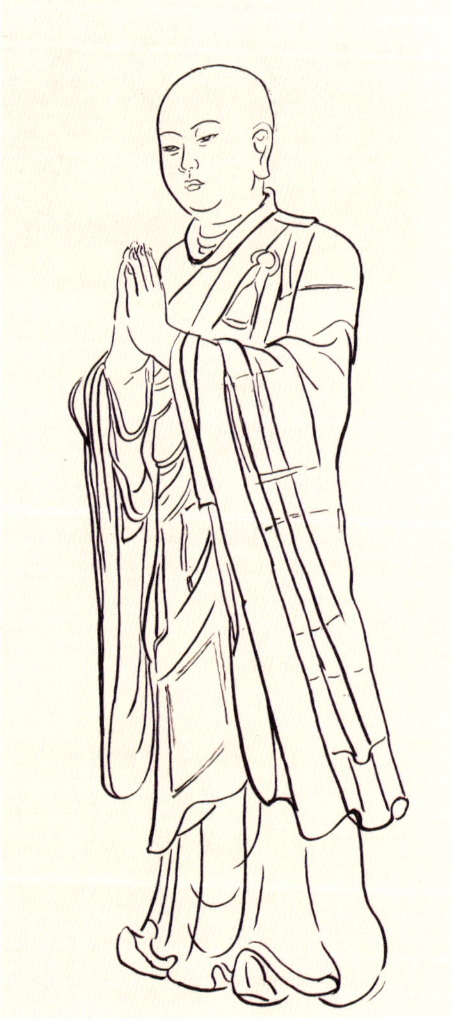

图 2-59　繁峙公主寺后大殿明代阿难

四、罗汉

罗汉是阿罗汉的梵文简称，是小乘佛教修行的最高成就和目标。罗汉的能量是不进入轮回的轨道，不受投胎转世之苦，也就是可以超脱出人世，同时，也可以除去生活中的一切烦恼，接受天地间人天供养，达到佛教所说的“杀贼、应供、无生”三果。这里的“贼”就是烦恼，就是外界影响；“应供”就是和佛一样可以接受世间的供奉；“无生”就是不落俗套，不受轮回之苦。做到罗汉的境地就能够六根清净，没有烦恼证入涅槃（无生）。但罗汉还像凡人一样有寿命，在寿命未终之前，仍在世间继续修行。罗汉的修行方式是通过自我认识，达到自己觉悟解脱的阶段。因为，佛教的根本目标是觉悟，能够达到自己觉悟也是相当不容易的。大乘佛教在小乘佛教的基础上，对于罗汉的职责又向前推进一步，那就是仅仅自己觉悟了还不行，还要引导和帮助受苦受难的老百姓同样脱离苦海，于是罗汉也不得不像大乘教的菩萨们一样，担当起帮助人们除掉烦恼的重任。

最早的罗汉是释迦牟尼的弟子。传说释迦牟尼在菩提树下悟道成佛后，即收了两个商人弟子，一个叫“多婆富沙”，一个叫“婆利迦”。此后，又收了陪伴他修行的十力迦叶等五位弟子。这几个人由于刻苦修行，很快证得了罗汉果，所以他们又成为佛

图 2-60　平遥双林寺罗汉殿明代罗汉群像

教界最早的罗汉（图 2-60）。《弥勒下生经》说，佛在去世前曾经指派迦叶、宾头卢、君屠钵叹和他的儿子罗睺罗流通佛法，这四人也被称为四大罗汉或四大声闻。罗汉的形象就是弟子、和尚，身着俗衣，或静坐参禅，或辩论讲说（图 2-61）。

图 2-61　平遥双林寺罗汉殿明代罗汉

十六罗汉

民间都知道十八罗汉，特别是“十八罗汉斗悟空”的故事更因为戏剧等形式的传播而家喻户晓。实际上，在五代以前，流传的是十六罗汉。这十六位罗汉是释迦牟尼身边的十六个修行者。佛在涅槃前，曾经令十六罗汉永驻世间，守护佛法，代他济度众生。现存最早记载十六罗汉全称的是玄奘所译《大阿罗汉难提密多罗所说法住记》，“难提密多罗”意译为“庆友”，庆友在涅槃前将十六罗汉的法名和住址告诉了大众。这十六罗汉分别是：

1. “长眉罗汉”宾度罗，中国禅林食堂常供奉他的像；

2. “知一切善恶法之声闻”的迦诺迦伐蹉；

3. 迦诺迦跋厘惰阇；

4. 苏频陀；

5. 诺矩罗；

6. 主管洗浴的跋陀罗“贤者”，是禅林浴室的供养像；

7. 迦里迦，是佛的一名侍者；

8. 伐阇罗弗多罗，意为“金刚子”；

9. 戍博迦，有“贱民”和“男根断者”之义，可能是出身微贱之人；

10. 半托迦，意为“大路边生”的孩子；

11. “密行第一”的罗怙罗，罗怙罗意译“覆障”“障月”“执月”，是释迦牟尼的儿子。他也是佛陀的十大弟子之一；

12. 那迦犀那，意译“龙军”，习称“那先比丘”；

13. 因揭陀；

14. 伐那娑斯；

15. 阿氏多，是佛的侍者；

16. 注荼半托迦。

从这十六位罗汉的出身和从事的工作看，可能都是为佛服务的身边人，因而大部分的名字也难记、生疏，有的如那迦犀那还是在佛涅槃后才出生的，根本没有得到佛的教诲，也不可能受佛所托留驻世间，传播佛法。虽然十六罗汉的生平资料很少，但自《法住记》译出以后，十六罗汉受到佛教徒的普遍崇奉，其造像也逐渐流行起来。但是《法住记》中并没有对十六罗汉的相貌进行具体描述，造像者根据佛教常识，结合现实生活中的僧人形象，进行艺术夸张，塑造出了清奇古怪的罗汉形象。关于十六罗汉的图像，最早的由五代时期贯休所绘。贯休的罗汉，有的庞眉大目，有的高颧隆鼻，面貌都是“胡貌梵相”，外国人的样子。据载，贯休创造的这些形象，是他“梦中所睹尔”。清代宫廷画家丁观鹏也曾画过十六罗汉像，据说其底本依据的也是贯休的十六罗汉。十六罗汉的雕刻，最早的是杭州烟霞洞吴越国吴延爽发愿造的十六罗汉圆雕坐像（图 2-62）。

图 2-62 杭州烟霞洞五代罗汉

十八罗汉

民间广为流传的十八罗汉，除了戏剧的传播外，也不完全是空穴来风。早在北宋时期，民间就已经有了十八罗汉的图像，如苏轼在贬谪海南岛的时候，就看见民间有十八罗汉图，还特别为之写了题画诗赞。但在十六罗汉之后增加的两位罗汉究竟叫什么名字，苏轼一开始也搞不明白，只是就画论画，后来在他《自海南归过清远峡宝林寺敬赞禅月所画十八大阿罗汉》一文中，明确写出第十七位罗汉是“庆友尊者”，十八位是“宾头罗尊者”。庆友是《法住记》的作者，“宾头罗”是“宾头卢”的不同翻译，是一个人物。十八罗汉实际上是十七罗汉，第十八位罗汉不过是第一位罗汉的重复。后来，新增加的两位罗汉又分别被改为迦叶和布袋和尚。到清朝乾隆时期，迦叶尊者又被改称为“降龙罗汉”，与之相对的“伏虎罗汉”则由弥勒尊者兼职。此后，带有降龙、伏虎的十八罗汉遂定型民间，成为我们今天所了知的

图 2-63 长治观音堂明代伏虎罗汉

图 2-64 繁峙公主寺前殿明代伏虎罗汉

十八罗汉。但是，在山西长治观音堂明代的十八罗汉之中，就已经有了伏虎罗汉，这里的罗汉浓眉瞪眼，下巴还留着一蓬短须，其左膝上就卧着一只小老虎（图 2-63）。繁峙公主寺的老虎已经长大，趴伏在伏虎罗汉的左腿上，正享受着罗汉的抚摩（图 2-64）。可见，清代将伏虎罗汉纳入十八罗汉之中的做法，明代就已经在民间落地生根了。实际上，罗汉能够降龙伏虎，也不是从明代开始的。陕西历史博物馆收藏的两尊石雕降龙伏虎罗汉，就是宋代的（图 2-65）（图 2-66）。除了文献所载北宋时期的十八罗汉图外，

图 2-65　宋石雕降龙罗汉（陕西历史博物馆藏）

图 2-66　陕西伏虎罗汉

杭州西湖飞来峰南宋石雕十八罗汉像，也应该是较早的罗汉图像。该罗汉像雕凿在冷泉溪南岸悬崖上，以布袋弥勒为中心，左右共有十八位罗汉。作为时代较早的十八罗汉像，这些石雕罗汉有的手托宝塔，有的展读经卷，有的手持如意，有的闭目静修。十八位尊者围绕着布袋弥勒，各干各的营生，各参各的禅机。没有猛虎，也没有恶龙（图 2-67）。山西资寿寺罗汉殿的罗汉同样表现的是在一起坐禅、辩论的场景（图 2-68）。

五百罗汉

五百罗汉实际上是释迦牟尼五百弟子的转化，释迦牟尼涅槃后，其大弟子迦叶曾召集五百弟子举行大会，总结释迦牟尼的佛

图 2-67 西湖飞来峰南宋罗汉

图 2-68 灵石资寿寺罗汉殿明代罗汉

学理论，参加会议的五百弟子就被后人奉为五百罗汉。从唐代开始，出于对罗汉地位的尊崇，佛寺开始设置罗汉堂，塑造罗汉像，规模庞大的五百罗汉群体遂进入佛教殿堂，成为继佛陀、菩萨之外最大的信仰形象。公元 1001 年，在北宋首都开封的大相国寺里，500 尊铜铸的罗汉被安放进寺院，首都的行动，立刻在全国产生了重大的影响。济南近郊的灵岩寺作为唐宋“四大名刹”之一，除了用同样的方式铸造了永恒的铁罗汉外（图 2-69），也用彩塑塑造了众多的罗汉。其中保存至今的 40 尊罗汉，无论是整体的设计还是细部的刻画，无不惟妙惟肖，栩栩如生，透过逼真的彩绘，甚至可以看到皮肤下流淌的血管，衣褶下包裹的肌骨。因此，

图 2-69 长清灵岩寺北宋铁罗汉

当戊戌变法的发起者和幸存者梁启超在 900 年后看到这些精美彩塑之后，不由自主地称叹其为“海内第一名塑”。山东东平湖西岸司里山摩崖石刻，四十多尊罗汉被安置在佛陀的下方，或凭几，或抱膝，或坐禅，或辩说，个个自由自在，无拘无束，俨然跳出了三界五行的样子（图 2-70）。根据嘉祐八年（1063）的题记年号，这些罗汉也雕凿于北宋，和大相国寺里铸造的铜罗汉一样，都是那个时代罗汉崇拜流行的标志。

五百罗汉首先囊括了原有的十六罗汉和十八罗汉，然后是古今中外的名僧高士，他们之中既有释迦牟尼的忠实弟子，也有修习佛教的大德和尚。罗汉数量的增加，是智者的增加，是佛教事业辉煌发展的体现，也让虔诚的佛教徒们修习佛教有了明确的目标。灵岩寺的彩塑罗汉中，既有释迦牟尼的第二大弟子阿难，也有三大译经师之首的鸠摩罗什，还有灵岩寺开山鼻祖朗公和尚。

两宋时期，社会上对罗汉的崇拜是受到了禅宗的影响，也是

图 2-70 东平司里山摩崖罗汉

佛教造像从神到人的重大转折。如五百罗汉之外的济公和尚，就因为晚到了一步，被拒之门外，在一些寺院里，或凄惶在过道里，或尴尬在房梁上，无法跻身五百罗汉之座。宋代的罗汉彻底改变了以往不食人间烟火的神像模式，完全平民化、生活化了，老罗汉俨然就是寺院的方丈、主持，小罗汉则充满着智慧和稚气。即如佛教十大弟子之首的阿难，也像一个聪慧可爱的小和尚，十分舒适恬然地夹杂在众多罗汉行列，倾听着大德高僧们的高谈阔论（图 2-71）。这是宗教艺术世俗化的结果。

图 2-71　长清灵岩寺宋代彩塑阿难

五、金刚力士、天王

金刚力士

金刚力士是佛陀世界的保卫者，所谓金刚，有两层含义：一是坚硬牢固，坚不可摧；二是可以摧毁一切烦恼。力士，则是力气、力量的象征，能够保证释迦牟尼安全说法，保卫佛陀世界不受任何外界的干扰。

《大智度论》中说："金刚三昧者，譬如金刚，无物不陷。……如砗磲、玛瑙、琉璃，唯金刚能穿。""金刚三昧者，譬如真金刚，能破诸山，令灭尽无余。""金刚三昧者，能破一切诸烦恼结，使无有遗余。"《佛说观佛三昧海经·观四威仪品》说到收拾鬼王的时候，发挥了金刚的威力："时金刚神，化金刚杵，为大铁山，四面火起，绕鬼七匝，猛火炎炽，焚烧鬼身……密迹金刚敕鬼王言：汝今速伏，皈依佛法，及与众僧，汝若不伏，碎汝眷属，万亿八千，令如微尘。时旷野鬼，以惊怖故，五体投地，为佛作礼。"可见，金刚力士神通多大（图 2-72）！

图 2-72 龙门石窟北魏力士

按照《大宝积经》卷九《密迹金刚力士会》的说法，金刚原本还是一个王子，名叫"法意"，他的父亲是转轮王。转轮王生了一千个王子，其中法意王子的心愿是当大家都成佛的时候，自己去做一个金刚力士："其法意太子，则今金刚力士名迹者也。”《觉禅钞》卷一百二十二引《梵网经》则说：“菩萨有千二王子，时千子发心成佛，其二子誓护佛性，今诸寺门金刚力士二像是也。”《梵网经》的说法是一个金刚的扩展，也是对寺院门口何以两个金刚力士的圆满解释。

金刚力士的形象表现是赤裸上身，手持金刚杵，左右侍立在佛教石窟的门口或寺院大门的两侧（图 2-73）。如龙门石窟唐奉先寺金刚力士，上身赤裸，肌肉隆起，瞪眼张嘴，以震慑的表情面对凡界，恐吓着一切不轨之徒，也警戒着诸多烦恼魔障（图

图 2-73　日本奈良东大寺南大门镰仓时代木雕力士

2-74）。郑州开元寺地宫门外两力士，一个手持金刚杵，身上肌肉隆起如卵，一个手托金刚杵，瞪目怒吼。两力士均赤裸上身和双足（图 2-75）。

山西平遥双林寺大殿门外两侧彩塑四大金刚，个个手持金刚杵，屈膝踞坐在廊下，做出剑拔弩张的威慑形态，守护着寺院的安全（图 2-76）。从四尊金刚没有铠甲装束的服饰上，可以得知其身份还是力士。

图 2-74　龙门石窟奉先寺唐代力士天王

图 2-75　郑州开元寺地宫门外宋代力士

图 2-76　平遥双林寺明代金刚

托塔力士

和侍卫门户的金刚力士不同，在佛教的世界里，还有专门为释迦牟尼出力的托塔力士，乃至托座力士。其表现是有的托举着释迦牟尼的须弥座，有的扛抬托举着象征佛身的塔。不过这里的托塔力士，并不是像托塔李天王一样，只是手心里托着一个小塔，而是以全身之力，托举或扛抬着大型佛塔或佛陀的须弥座。这些力士的表现是用脊背或肩膀，扛抬或托举着佛的座位。如山东济南灵岩寺墓塔林中宋元时代的浮雕力士，或肩扛或托举着塔身，犹如抬着释迦牟尼的灵棺。和龙门石窟守门力士不同，这里托举着塔身的力士门都是文武官员的打扮（图 2-77）。而元明时期的

图 2-77　长清灵岩寺托塔力士

图 2-78 长清灵岩寺元代力士

图 2-79 长清灵岩寺宋代辟支塔托塔力士

力士，则换成了外国人的形象（图 2-78）。墓塔两类力士的表现，说明金刚力士在守卫保护佛陀的同时，还是佛陀的脚力，还像轿夫一样，担当着抬举佛陀出行的职责。这是后人的衍生和演绎。灵岩寺宋代辟支塔基浮雕的金刚力士（图 2-79），表现的应该是佛涅槃的情景。

韦驮

又名韦驮天，本是婆罗门的天神，后来被佛教吸收为护法诸天之一。中国寺院规矩通常将之安置在天王殿后门，面对着大雄宝殿。

韦驮的形象是一位军官，身着铠甲，手持金刚杵，保护着寺院和释迦牟尼的安全。相传罗刹鬼曾经在佛涅槃时盗走佛牙舍利，被韦驮天发现后抓获，追回舍利，赢得了诸天众王的赞扬，认为他能驱除邪魔，保护佛法。山西平遥双林寺千佛殿明代彩塑韦驮天，一身重装，威风凛凛，俨然一位身经百战的将军（图 2-80）。

图 2-80　平遥双林寺明代韦驮天

天王

佛教的天王又称“天部”，除金刚力士外，还有四大天王、十二神将、梵天、帝释天等等。其中最为人们熟知的是四大天王。因此，寺院里往往还有专门的天王殿，供奉四大天王，没有天王殿的，也要在寺院山门两侧塑造天王的形象，以壮寺院的雄威。如五台山南禅寺唐代天王，就身着铠甲，威武地守护在大门两侧（图 2-81）。

图 2-81　五台山南禅寺大佛殿唐代天王

天王和力士一样，一般也是成双成对，守护着佛陀的门户。但天王的形象和力士不一样，力士们赤身露体，天王则身着铠甲，全副武装，标准的正规军做派。从唐代天王无不将鬼卒、魔王踩在脚下的形式看，天王的作用除了把守门户外，更多的是降魔。如陕西宝鸡出土的唐代鎏金天王像，其脚下踩着两个鬼卒（图 2-82）。1973 年新疆阿斯塔纳唐张雄夫妇合葬墓出土的木雕彩绘天王像，也是脚踩一个鬼卒（图 2-83）。

图 2-82　宝鸡出土唐鎏金天王
（中国历史博物馆藏）

图 2-83　新疆阿斯塔纳出土唐天王木俑

四大天王

四大天王源自印度的护法神，传说在佛国的须弥山上，住着帝释天，在山腰东西南北四方各有一个大门，为四大天王所把守。按照佛教的说法，人们所处的世界，分为欲界、色界和无色界“三界”。其中，欲界最低，是众生所居的世界，也就是四大部洲（东胜神洲、南赡部洲、西牛贺洲、北俱卢洲）。这里既是须弥山的门户，又是人间的四大部洲所在，四大天王因此也就成了护卫世界太平的安全神了。

四大天王分别为东方持国天王、南方增长天王、西方广目天王、北方多闻天王。日本奈良东大寺天平时代（唐代）木雕四大天王脚底下各踩着一个魔王，持国天王手把绳索，增长天王持长兵器，广目天王一手握经卷一手执笔，多闻天王则高托着一尊小塔，犹如《西游记》里的托塔李天王（图 2-84）。其实，四大天王各执什么法器没有定式。到了元代，四大天王手中的法器有了

图 2-84　日本奈良县东大寺戒坛院天平时代木雕四大天王

图 2-85　新绛福圣寺弥陀殿明代持国天王

变化，东方持国天王的刀、矛换成了琵琶。明以后，北方多闻天王手持雨伞，清代的广目天王手里则握着一条蛇。至此，四大天王的手中所持有了定式，东方天王抱琵琶，他的武器就是弹琵琶的声音；南方天王执宝剑，坚持了武将的派头；西方天王持蛇，也就是捆缚恶鬼的绳索；北方天王执伞，掌雨。如山西新绛福圣寺弥陀殿明代四大天王，就分别持剑、执杵、握蛇和抱琵琶（图 2-85）。四大天王还因此被民间崇奉为“风调雨顺”四神：南方为风，西方为调，北方为雨，东方为顺。四大天王的次序也由原来的东西南北改为南西北东。

六、飞天、伎乐

飞天，意为飞舞的天人。佛教认为，天有多种名称，也有无数层，在这些天界生活的人就是天人、天神，天人、天神的神通之处就是会飞，飞天即此意（图 2-86）。

佛教石窟、壁画和造像碑上的飞天有三种：一是夜叉，二是乾闼婆，三是紧那罗。夜叉又称药叉，能啖鬼，能伤害人。《妙法莲华经玄赞》还说，夜叉能够飞腾空中，“摄地行类诸罗刹……梵语正云：药叉罗刹娑”，是罗刹鬼类。《注维摩诘经》说夜叉有三种：“一在地，二在虚空，三天夜叉也。……天夜叉，以车马施，故能飞行。”夜叉不但能够啖鬼、飞腾，而且还能够保卫三十三天，并受北方多闻天王统领。

乾闼婆和紧那罗原来是古印度神话中的歌舞神和娱乐神，是一对夫妻，后被佛教吸收为天龙八部众神之内。乾闼婆的汉译名称有寻香神、乐神、执乐天等。《注维摩诘经》说，乾闼婆“天乐神也，处地上宝山中，天欲作乐时，此神体上有相出，然后上天也”。《撰集百缘经·乾闼婆作乐赞佛缘》说：“五百乾闼婆，善巧弹琴，作乐歌舞，供养如来，昼夜不离，名闻远彻，达于四方。”这些乾闼婆，不但是天上的乐师，还是舞者，还会杂技，如山东青州龙兴寺东魏造像碑上方的飞天，两位托着佛塔，六位演奏着佛乐（图 2-87）。和夜叉一样，这些奏乐的飞天也有归属，那就是受东方持国天王领导。紧那罗的汉译有歌神、歌乐神、音乐天等意思。《一切经音义》说紧那罗是歌神，“其声美妙”。但紧那罗歌唱的内容，是佛教之义，是诸法宝相，是佛陀的溢美之词。

在佛教石窟中，夜叉多刻画在佛龛的门楣、明窗上方或藻井的四周。乾闼婆和紧那罗则多排列在主尊头顶上方，宝塔或化佛两侧。所以让这么多音乐飞天满布佛教世界的上苍，是因为佛教的净土世界里到处都是快乐的乐舞，而人间世界如果也像佛国那样用伎乐来供养佛陀的话，同样可以得到各种好处（图 2-88）。

图 2-86　青州龙兴寺北魏飞天

图 2-87　青州龙兴寺东魏飞天

图 2-88　敦煌石窟第 158 窟西壁中唐飞天

七、供养人

供养人，是在家的佛教徒。他们因为信仰佛教，情愿布施资金、物品或劳力，制作佛像、开凿石窟、修建佛教寺院，担当寺院僧侣的生活支出，支持弘扬佛教。佛教认为，在家的信徒们通过这些手段支持佛教，就是善事功德，同样也是修行的重要方式，同样能够达到往生极乐世界的目的。佛教信徒们最简单的供养就是以香花、灯明、饮食等方式，资养三宝。除了这些物质的供养外，还有修行积德，利益众生的“法供养”。具备上述供养行为的人，称为供养人（图 2-89）。

图 2-89 敦煌石窟 359 窟供养人线图（引自《中国石窟敦煌莫高窟》四）

南北朝以来，一些石窟、造像或造像碑上，常常有着俗装的人物形象，侍立在佛、菩萨的左右，这些就是出资开窟造像的供养人。还有一些已经接受了佛教的仪轨，剃度为僧，穿上了佛装，也像供养人一样，跪在佛陀的门口，期望着进入佛陀的世界。如炳灵寺 134 窟着佛装的供养比丘（图 2-90）。另外，还有一些达官贵族们，也经常组织在一起，举行仪式或活动礼佛敬佛，并把这些活动用图像的方式刻画在佛陀的身边，以示尊敬，祈求超升，如龙门石窟和巩义石窟的礼佛图浮雕（图 2-91）。除此之外，供养人还要在出资雕凿的石窟或造像碑上留下姓名，以示虔诚。

图 2-90　炳灵寺石窟第 134 窟供养比丘

图 2-91　巩义石窟礼佛图前导

第三章　中国佛陀的历史形象

一、汉代佛像

佛教自汉代传入中土。著名的“白马驮经”故事讲的就是东汉初年佛教传入洛阳的故事，此后有了在楚王领地（今徐州一带）举行佛教活动的记载。但是佛教形象从什么时候进入中土，则没有定论。一般认为在东汉晚期，证据是东汉晚期四川乐山麻浩崖墓中的坐佛、南京博物院藏四川彭山东汉墓陶底座上的坐佛等等。但是，在众多东汉画像石、画像砖中，也有不少和佛教有关的图像。

汉画像石佛像

画像石中最明确的坐佛是四川乐山麻浩崖墓墓门上的形象，这尊造像正面盘腿坐，头后有圆形背光，身着通肩大衣。所谓通肩大衣就是只露着脖颈而不是像后来的佛像那样，袒露出胸膛或袒露右肩（图 3-1）。

除麻浩墓之外，山东沂南汉墓画像石中，也有头带背光的形

图 3-1　乐山麻浩崖墓坐佛

象。如中室八角立柱南北两侧上端的童子像（图 3-2），童子正面站立，头后有一圆形头光。和其他人物服饰不同，这里的童子身着束腰裙裤，风格类似中亚样式（图 3-3）。另外，八角立柱东西两面和童子位置一样的人物是东王公和西王母。这表明，南北两面的童子地位和西王母一样，都是高高在上的大神。围绕童子形象的画像题材主要是与辟邪有关的神怪或仙人、仙境。童子分别主宰南北两面，还说明这些神仙不同于东王公和西王母，不是东西两方的神仙，而是来自于南方和北方的神仙。

早期文献记载，佛教是胡神。按照汉代人们的一般认识，胡神也就是匈奴民族的信仰神。汉民族通过和匈奴的战争，获得了佛教的信息，并将佛教“金人”引进内地，顶礼膜拜。《魏书·释

图 3-2 沂南汉墓中室八角立柱北面童子

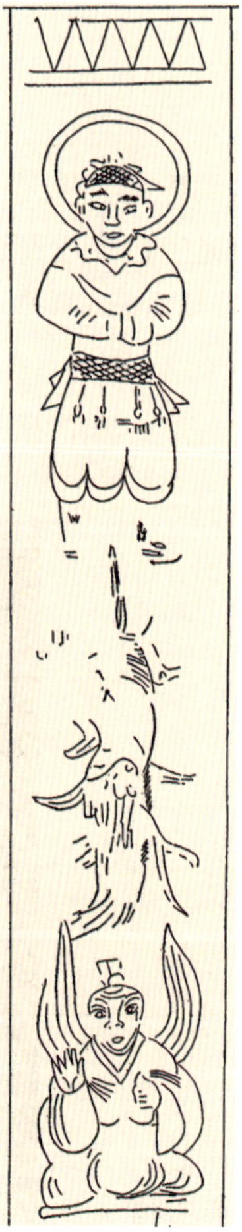

图 3-3 沂南汉墓中室八角立柱南面童子

老志》说：汉武帝“元狩中（前122—前117），遣霍去病讨匈奴……昆邪王杀休屠王，将其众五万来降。获其金人，帝以为大神，列于甘泉宫。金人率长丈余，不祭祠，但烧香礼拜而已。此则佛道流通之渐也”。这一传闻，在当时南方的梁朝也有记载。《世说新语·文学》引《汉武故事》说：“昆邪王杀休屠王，以其众来降，得其金人之神……上使依其国俗祀之。此神全类于佛。”《史记·匈奴列传》索隐说：“崔浩云：胡祭以金人为主，今浮屠金人也。”这些传说都认为，浮屠是匈奴供奉祭祀的天神，而匈奴主要活动和居住于中国北方地区，因此，佛教是北方草原民族的崇拜对象。沂南汉墓中室立柱将童子像安排在北方，应该就是受北方传说的影响。因为一般情况下，北方的方位神灵是玄武，是牵扯生杀予夺的辟邪类神灵活动的地方，但这里的画像作者却将玄武和手持武器的神灵安排在了立柱的东侧面，玄武成了东王公的麾下。将童子像和辟邪的玄武置换的做法表明，童子像同样具有辟邪的本领，甚至比玄武的能量还要威猛。

但是，立柱南面童子和仙人和平共处的形式又告诉人们，佛教还是南方的神灵。将同样的童子像安排在南方有两种可能：一是说佛教来源于南方；二是说佛教无处不在。因为沂南汉墓地处黄河下游的山东南部，属于两汉的楚国势力范围，而这个地方也是文献记载最早由地方政府推动佛教传播的地区，早在东汉初年，楚王刘英就在自己的属国里“学浮屠，斋戒祭祀”（《后汉书》），而楚国一带的佛教来源，除了从洛阳传入外，也有从广东等海路传来的路径，即南来之路。

佛还能够飞升。如著名的《四十二章经》序云：“昔汉孝明皇帝，夜梦见神人……明日问群臣，此为何神也？有通人傅毅曰：‘臣闻天竺有得道者，号曰佛，轻举能飞，殆将其神也。’”

八角立柱南面童子像之下，还有一个肩生羽翼的仙人，该仙人和东王公一样正面端坐，但其右手上举的样子则有些像佛教形象中的施无畏印。因为，在此之前的神仙图像，如西王母和东王公，除了正面端坐外，两手均抄在一起，虽然抄手也是外来的习惯，但正面形象的神仙将右手扬起像施无畏印的奇怪手势也是汉代画像所少见的。因此，根据该仙人和童子同处一立柱侧面，且占据立柱中心位置的布局形式，可以推断，这仙人也应该与佛教有关。如果说童子像表现的是释迦牟尼出家前的形象，那么这位正面端坐的仙人应该是修道后的释迦形象。

在沂南汉墓画像中除了“童子像”和“施无畏手相”等明显的佛教因素外，还有几种形象也可能与佛教有关：一种是“飞天”，一种是“四面佛”，一种是“火焰式背光”。

一般情况下的羽人都是站立或疾走的形式，其主要特征是头上脚下的传统模式。但是，在沂南汉墓前室西壁上端的羽人则不同，是头下足上倒着飞翔的样式（图 3-4）。这种奇特的形式绝不会是画家或设计者的随意所为，而是有所依据的。目前所见，头下足上从天而降的样式最早来自佛教图像，应该是早期飞天形象的雏形。

“四面仙人”形象出现在前室北壁横额右端，紧靠着手持兵器的白虎，和众多怪异动物夹杂在一起，其形象是四个半身羽人两两相对，形成一个“十”字组合。从羽人羽翼上翘的处理手段上看，其身份地位应该是和西王母东王公一类的大仙，但当时国产的神仙体系之中并没有四个仙人的组合形象，因此这组神怪也应该和佛教有关，很可能是“四面佛”的原始形象（图 3-5）。

“火焰式背光”是佛教造像区别于其他神仙形象的重要特征。东汉晚期画像中在羽翼的处理上，出现了一种新的形式，那就是个别神仙的羽翼从肩膀两端上翘内弧，如同佛教造像的火焰式背光。这种新形式的羽翼，除了西王母和东王公这样的主宰神外，

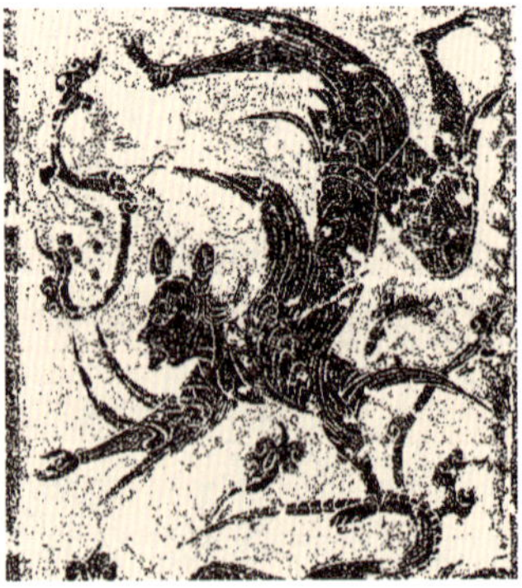

图 3-4 沂南汉墓前室西壁北段仙人

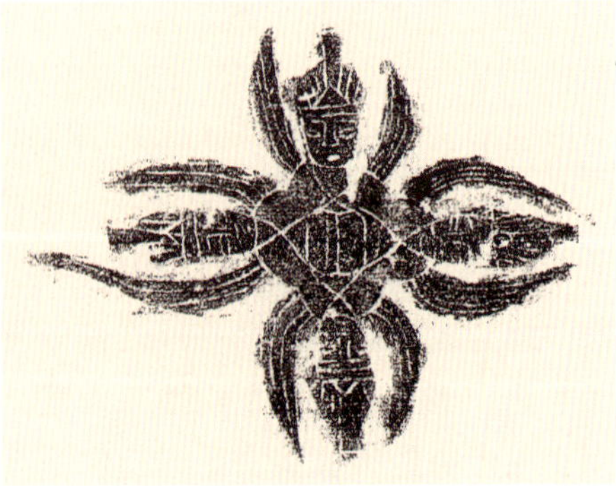

图 3-5 沂南汉墓前室北壁横额四面仙人

一般羽人还是传统的披肩式。画像将上翘的羽翼安排在西王母等主宰神仙的身上（图 3-6），说明这种样式的尊贵和崇高。沂南汉墓在西王母、东王公外，具有这样羽翼的只有中室立柱南面正面端坐的仙人和前述四面仙人。而正面端坐仙人和四面仙人又与佛教形象有着密切的联系，由此可以看出，正面端坐仙人和四面仙人的身份是和西王母一样的。综合东汉晚期中国的神仙体系，能够和西王母、东王公相媲美而且有着完整体系的神仙非佛教莫属。西王母羽翼形式的改变，在其他墓室和小祠堂画像中也有表现，其时代约在东汉晚期的桓帝以后。

图 3-6　嘉祥武氏祠左石室东王公

从以上分析可以看出，在具有明显佛教造像特征的童子像外，还有飞天、四面佛、火焰式背光等佛教艺术因素。只是因为开始传来的佛教被混淆为一般的神仙崇拜，所以一些佛教的形象也就被人们理解为神仙形象，这也是佛教本土化的必然过程。

沂南汉墓中室八角立柱南面的仙人，肩后的羽翼也向上翘起。这个人物虽然没有像西王母、东王公一样高踞立柱上端，甚至还不如两位站立的童子，但其羽翼却也和西王母一样，向上翘起。可见，其身份地位也应该和西王母一样，只是因为立柱空间只有东西南北四个面，东西为传统的东王公和西王母所占有，南北又被两位童子所站立，所以只好屈尊在南面童子的底下。分析这位不知姓名的神明的身份，首先是看其姿态。从其头戴通天冠类的冠饰看，不是寻常的官吏，其正面端坐的样子，也非常人可以企及，尤其是右手手掌朝前的样式，让人们容易和佛教的手印发生联想。

沂南汉墓中的佛教形象，从其所处位置可以看出，这个时期的佛像首先是被纳入流行的神仙体系之中，是长生不死的大神；其次是辟邪，帮助人们避除邪恶；再次是飞升，可以在天空自由来去，而且还可以头朝下地自天而降。这是早期佛教形象给人们的认识，也是东汉时期的人们所理解的佛教功能。

二、魏晋佛像

魏晋时期，佛教通过西域和南海两条道路，逐渐走进了中土的社会，并开始为最高统治者所接受，如康僧会在江南东吴地区的传教，由孙权支持，其建立了江南第一寺建初寺。到西晋时期，洛阳已经有了42座寺院。但是，魏晋时期的佛教形象依然比较少见，偶有出现，多被安置在青瓷谷仓罐上。如江浙地区吴至西晋时期频繁出现的这种青瓷罐，在其颈肩部往往堆塑一圈坐佛，佛像也都有头光。和坐佛比邻的有头戴尖角帽的胡人、向上飞升的鸟、盘旋在四周的虫蛇以及重叠的楼阁和罐（图3-7）。有的佛像还被安排在罐顶博山炉的旁边，有的被安排在香炉四周。向上飞升的鸟表明，佛像们簇拥的建筑应该是神仙的居处。有学者认为，这些被佛像飞鸟簇拥的罐子是魂灵罐。其中装载的是死者的灵魂，让佛像护佑着灵魂，由飞鸟携带上天，这正是汉代人们祈求死后升天的认识。在这里，众多雷同的坐佛围绕在魂灵罐的四周，其所充当的职责和画像石中的表现殊途同归，那就是这些坐佛们是

图3-7　宁波博物馆藏谷仓罐坐佛

灵魂的侍者，是死者的保护神，他们所起到的作用依然是护佑，和沂南汉墓分派给他们的任务一样，就是保佑着死者顺利地升天。

最早有纪年的佛像是收藏在美国旧金山亚洲美术馆的后赵建武四年（336）的金铜坐佛。这尊佛像较之江南青瓷罐上的堆塑佛像，眉目十分清晰，头梳高髻，身着通肩大衣，正面盘腿端坐，两手还前后相叠，手心朝向腹部（图 3-8）。

图 3-8 后赵建武四年金铜佛像（美国旧金山亚洲美术馆藏）

图 3-9　西晋十六国金铜菩萨立像（日本藤井齐成会有邻馆藏）

日本藤井有邻馆藏出土于陕西三原县的金铜菩萨像，其发髻被束缚成高髻的样子，袒胸露腹，右手上举做施无畏印，左手提着一只水壶，脚穿草鞋，叉腿站立（图 3-9）。这种叉腿站立的姿势很像东汉晚期画像石中的周成王。如山东滕州后掌大画像石中的成王，就是叉腿站立的姿势（图 3-10）。在两汉时代，能够叉开腿站或坐，是权力的象征，如刘邦在初见郦食其的时候，因为讨厌儒生而将两腿分开踞坐，这种侮辱人的姿势因此被写入《史记》。而像上述两腿分开的站立姿势同样也不是中土礼仪，是外来文化的表现。

图 3-10　滕州前掌大画像石周成王（滕州汉画像石博物馆藏）

从江浙地区三国时期的魂灵罐坐佛和稍后的东晋十六国时期的金铜佛，佛的作用由辟邪、护佑逐渐开始走向真正的传教布施。

旅顺博物馆藏有几尊早期造像，可以作为魏晋造像的参照。一尊是犍陀罗早期石雕禅定坐像，其坐姿、手相、面相和衣纹无不带有鲜明的犍陀罗风格（图 3-11）。另一尊白灰膏模制的小坐佛，风格也和犍陀罗近似（图 3-12）。

图 3-11 犍陀罗早期石雕禅定坐像（旅顺博物馆藏）

图 3-12 新疆和田白灰膏模制佛像（旅顺博物馆藏）

三、南北朝佛像

南北朝时期是佛教造像在中土第一次大规模爆发的时期，这个时期的佛像首先是西域化（图 3-13），接着是汉化，最后是以健康为美的胡汉融合（图 3-14）。同时，南北朝时期的佛像的种类和形式也逐渐丰富，既有本原的释迦牟尼佛，化身的阿弥陀佛、弥勒佛（图 3-15）（图 3-16）以及四面佛等等，也有大势至、观音、文殊和普贤四大菩萨，还有看门守护的天王力士，制造和渲染极乐世界的飞天伎乐，等等。佛教形象的材质和表现方法也多种多样，既有金铜佛、石雕、泥塑，也有浮雕壁画，佛陀世界的形象在这一时期盛开泛滥，千姿万态。

图 3-13 新疆克孜尔石窟壁画菩萨头

图 3-14 青州龙兴寺北齐菩萨头

图 3-15 广饶皆公寺北魏孝昌三年比丘道休造弥勒佛像（山东博物馆藏）

图 3-16 博兴龙华寺出土东魏弥勒菩萨（山东博物馆藏）

佛的面相与表情

佛的名号，虽然有释迦牟尼佛、多宝佛和弥勒佛之分，但其形象大同小异，特征是在头顶上攒一高髻，而这高髻其实是将长发聚在头顶用带子勒出来的，如新疆、甘肃等地所见菩萨发髻（图 3-17）。其次是有两只垂肩的耳朵。这种超长的耳垂底部是人为拉长的结果，如敦煌壁画所见。第三个特征是额头正中的小圆孔，也就是佛教所说的“白毫”。这是佛的“三十二相”之一，也是区别于常人的面容标志（图 3-18）。

因为时代和地域的不同，佛的面部形象也有差异。家喻户晓的是北魏汉化前后的面部变化，孝文帝汉化（491）以前，佛的

图 3-17 敦煌石窟北魏彩塑菩萨头

图 3-18 阿富汗出土菩萨

图 3-19 云冈石窟第 20 窟大佛

面相比较健壮圆厚（图 3-19），汉化后则是秀骨清像，像汉地的文士们一样，飘逸起来了，如龙门石窟宾阳中洞北壁的立佛（图 3-20）。但实际上，单就北朝而言，除了这笼统的风格外，从十六国开始至北周时期，佛的表情也还有明显的不同。十六国时

图 3-20　龙门石窟宾阳洞立佛

期的佛像一个个瞪眼直视，没有多少活力，一副不食人间烟火的样子。因为，佛陀初来乍到，中土人士压根没有对其另眼相看，如同魏晋时期让佛陀们排成队转着圈地护佑魂灵罐一样，佛陀不过是一介武夫，有些看门护院的神通罢了。但到了北魏时期，佛陀们的眼睛虽然依然瞪大，却已经开始出现礼贤下士的姿态，面对着第一批信徒，也松弛了绷紧的面孔，开始笑逐颜开了，如山东青州龙兴寺出土的北魏时期胁侍菩萨，其笑容就十分的纯净可亲（图 3-21）。

佛陀的微笑本来是一桩公案，如后来禅宗所流传的佛和迦叶的“拈花微笑”一样，但北魏时期笑脸佛像的出现，更多的是以慈善的表情诱导信徒，亲近信徒，摆脱佛教只是具有辟邪能力的误解。不过，这个时期的笑，多少还有些生硬，有些作秀，有些有意为之的意思（图 3-22）。到东魏时期，佛陀瞪大的眼睛开始

图 3-21　青州龙兴寺北魏菩萨

图 3-22　青州龙兴寺北魏贴金佛头

图 3-23　青州龙兴寺东魏佛头

图 3-24　青州龙兴寺北齐佛头

（以上均为青州市博物馆藏）

收缩，圆眼逐渐向长眼、眯眯眼转化，佛的笑容也逐渐成为微笑，犹抱琵琶半遮面起来。这种微微的笑意，挂在脸上，让佛陀有了捉摸不透的意思（图 3-23）。北齐取代东魏，佛的表情又有了重大的变化，那种一脸笑意的形象逐渐被超凡脱俗的闭目养神所替代，所有的佛、菩萨们都收起了慈眉善目的表情，将直视凡夫俗子的眼神尽数收起，集中焦点于自己的鼻子（图 3-24）。这种沉思的表情，两眼不望窗外事的作为，专注于思索的表现，说明这个时期的佛菩萨们都沉浸在博大精深的佛教教义之中。他们做出这样的表情，和早期佛陀做出坐禅的姿势一样，也是一种表率，一种榜样，那就是要人们像他们那样，认真地沉入佛教的法海之中，认真地思考人生、思考未来。因此这个时期，专门的思维菩萨也开始在中土大地流行起来（图 3-25）。让人们学着思维，学着从自身寻找痛苦的本原，并最终参透佛法僧“三宝”，是释迦牟尼建立佛教的最终理想。北齐时期的佛像表情以沉思的样式问世，正是对释迦牟尼的忠诚理解。教育大众学会沉思也是这个时期佛教传播的重要方式。

图 3-25 青州龙兴寺北齐思维菩萨（青州市博物馆藏）

佛的坐姿

佛的第一个姿势是坐姿，坐姿有多种。

结跏趺坐 佛教术语中结跏趺坐就是盘腿坐。《大智度论》卷七有云：“问曰：‘多有坐法，佛何以故？唯用结跏趺坐。’答曰：‘诸坐法中，结跏趺坐最安稳，不疲极，此是坐禅人坐法，摄持手足，心亦不散。又于一切四种身仪中最安稳，此是禅坐取道法坐，魔王见之，其心忧怖。’”中土所见最早的结跏趺坐图像是麻浩崖墓坐佛和江浙地区魂灵罐上的坐佛。其盘腿正面成三角形的坐姿前无古人，是中土从来没有的。因为，中国自古以来的坐姿是跪姿，也就是双膝跪地，屁股坐在脚跟上（图 3-26），像这种将两腿先分开再交叉盘腿的姿势，是南亚地区人们的坐姿，如美国克利夫兰美术馆藏的一尊公元 1—2 世纪的石雕坐佛，就是两腿呈八字形分开后，脚心朝上交叉（图 3-27）。尤其是两腿簸箕状叉

图 3-26　西汉阳陵跪坐俑（陕西省考古研究所藏）

图 3-27　印度 1—2 世纪秣菟罗坐佛（美国克利夫兰美术馆藏）

开的样子，是古代中国人认为最不礼貌的坐姿。佛能够采取这样的坐姿恰好说明这是外来文化的表现。从新疆地区所见早期佛教形象，多数采取的是这样的坐姿，而佛教传播的历史也告知我们，古代西域地区最早修习的佛法是禅，也就是坐禅。这种坐禅其实也是古印度时代佛教徒们在山林修习的重要方式。这种独处一室或一龛或大树底下的坐姿，在敦煌石窟唐代壁画中也屡见不鲜。其实，这种很特别的坐姿早在西汉晚期的画像石中就已有表现，但取这种坐姿的只有西王母以及后来的东王公等最高等级的神仙，其他人还是传统的跪坐，如山东微山两城镇小祠堂东汉画像石中的西王母，就是正面盘腿的坐姿（图 3-28）。即便如秦始皇、汉高祖这样的人君，在画像石的表现中依然是中土的坐姿，如山东

图 3-28　微山两城小祠堂西王母画像

嘉祥五老洼东汉画像石中的泗水捞鼎人物（图 3-29），甚至连脱离了凡俗世界的仙人们，其坐姿也是跪坐（图 3-30）。由此可见，正面盘腿的坐姿是佛教的专用，也是早期佛教姿势的重要表现。

甘肃永靖炳灵寺第 169 窟北壁后部十六国时期西秦壁画坐佛的坐姿，右腿在外，左腿在里，两脚交叉，脚心朝上（图 3-31）。根据该窟“建弘元年（420）”题记可见，这大概是目前所见最早的坐禅姿势。1974 年西安西关王家巷出土的北魏和平二年

图 3-29 嘉祥五老洼泗水捞鼎画像

图 3-30 西安西汉铜羽人背面（西安博物院藏）

图 3-31 炳灵寺石窟第 169 窟西秦壁画坐佛

（461）释迦坐像，其两脚脚心都朝上，应该是严格按照秣菟罗样式规定雕凿的（图 3-32）。但是这种完全将赤脚裸露的形式不合中土的习俗，儒家认为，身体发肤受之父母，只有自己的父母才可以看自己的身体，成年人也只有在父母去世的时候，才磕头跣足，最后一次将自己的身体裸露给父母。因此在早期中土的造像之中，完全南亚式的双脚裸露，还脚心都朝上的做法被修正变通。比如用长袍下摆盖住两足，如云冈石窟第 5 窟南壁中层的佛龛群，所有的坐佛都不露足（图 3-33）。如果一定要将脚露出来，也只是羞羞答答地将右脚露出，让其脚心朝上，如属于北魏早期石窟第 16、17、18 窟中的坐禅佛都只是将右脚露出，脚心朝上（图 3-34）。一些坐佛的左手很自然地盖在裸露的右脚上，如第 12 窟

图 3-32 西安西关王家巷出土北魏和平二年释迦坐像（西安碑林博物馆藏）

图 3-33 云冈石窟第 5 窟南壁北魏坐佛

图 3-34 云冈石窟第 16 窟南壁北魏坐佛

后室南壁第 3 层西侧佛龛中的坐佛，就将右脚挡了大半（图 3-35）。第 10 窟后室南壁第 4 层东侧佛龛中的主尊甚至还将左手摊开如“八”的姿势，以转移人们的注意力，掩盖着不便让他人看见的脚掌（图 3-36）。到了龙门石窟时期，北魏王朝迁都到汉文化密

图 3-35　云冈第 12 窟后室南壁坐佛

图 3-36　云冈第 10 窟后室南壁坐佛

集的黄河流域，坐禅露右脚的姿势继续的同时，更多的喜欢用衣服将双脚遮住，即便不遮，也要变通一下，如皇甫公窟南壁的菩萨，其右脚露出的不是脚心而是脚背（图 3-37）。皇甫公窟雕凿的年代是 527 年，上距云冈石窟早期阶段一百多年。同样的表现在西安碑林博物馆所藏 2004 年出土于西安北郊岗家村的四面造像碑中，一面主尊的右脚也是脚背朝外，斜捂在盘起的左腿上（图 3-38）。该四面碑题记为北魏景明二年（501），比皇甫公窟早二十多年。比皇甫公窟略晚几年的地花洞、路洞中的主尊们则干脆都以带褶的长袍将双脚挡住，不再让其裸露（图 3-39）。

但是，脚心朝上不仅是一种功夫，而且还是禅坐佛的形象标志和符号，如果完全将其省略，似有不妥，于是滑稽的造像随之问世，如西安碑林博物馆收藏的 1959 年出土于陕西省华县瓜坡

图 3-37　龙门石窟皇甫公窟坐佛

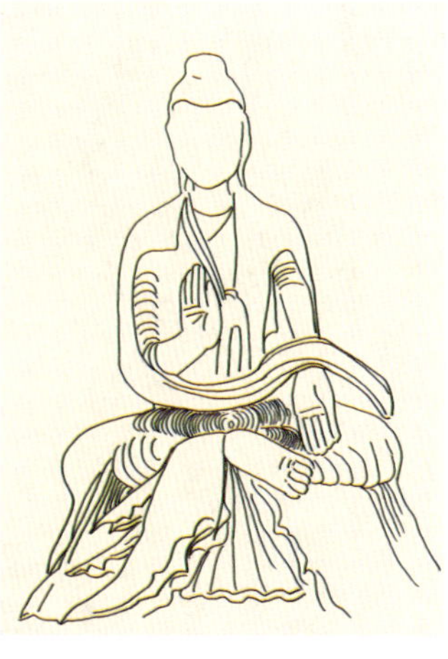

图 3-38　西安北郊岗家村出土北魏景明二年徐安洛造像碑（西安碑林博物馆藏）

图 3-39 龙门石窟地花洞坐佛

的北魏延昌元年（512）朱奇兄弟造像碑中的主尊，在长袍的笼罩之下，特别地开了一道口子，让右脚露出（图 3-40）。最奇怪的是露出的这只脚，还是脚心朝外，不知道怎么样坐才能够让脚心正好完整地在正中间露出。可见，露出脚心是当时的规矩或标准要求，至于这只脚扭曲的程度是否合乎人体生理特征，则并不怎么重要。同馆所藏 1960 年富平县小学出土的北魏熙平二年邑子六十人造像碑中主尊的右脚则像一只假足挂在长袍中间，极为可笑。无论多么有道行的高僧，都无法将坐禅的右脚扭到这样的程度（图 3-41）。看来，坐禅不露脚还是不行，哪怕是在包装严实的服饰之外，挂一只脚的符号也行。

交脚坐　交脚坐即交叉腿垂坐，是佛的第二个坐姿。垂坐不是盘腿坐，而是坐在高出地面的座位上，两腿下垂至脚踝部交叉。

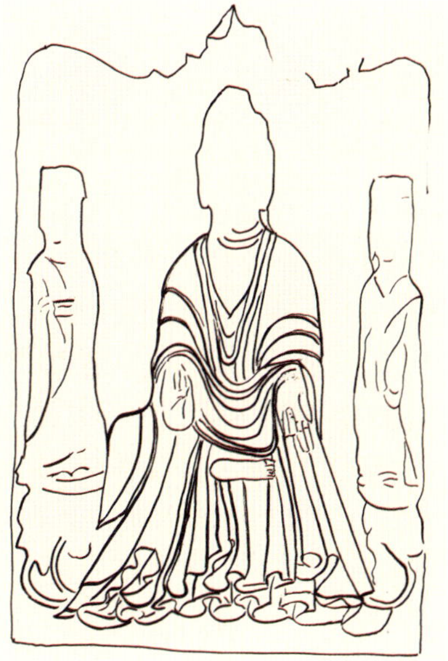

图 3-40　华县瓜坡出土北魏延昌元年朱奇兄弟造像碑（西安碑林博物馆藏）

图 3-41　富平县小学出土北魏熙平二年邑子六十人造像碑（西安碑林博物馆藏）

这种姿势也被称为“交脚”，并被定格为早期弥勒菩萨专用姿势，凡是这样的弥勒菩萨或弥勒佛，统统被称为“交脚弥勒像”，如云冈石窟第 16 窟中的交脚弥勒菩萨像（图 3-42）。第 16 窟是云冈石窟早期窟，也就是北魏和平年代（460—465）。此后，交脚

图 3-43　云冈石窟第 17 窟东壁北魏交脚弥勒菩萨

图 3-42　云冈石窟第 16 窟南壁交脚弥勒

的佛像贯穿全窟，直到北魏正光五年（524）。按照佛的坐式右压左的规律，第 16 窟交脚的形式也是右腿在前，左腿在后，右腿压着左腿。如云冈第 17 窟东壁第 3 层北侧佛龛中的弥勒像，同样也是右腿在前（图 3-43）。第 18 窟南壁下层西侧佛龛弥勒（图 3-44）、明窗东壁佛龛中的弥勒（图 3-45）等等，无不遵循右腿在前的模式。第 26 窟是北魏孝文帝迁都以后开凿的洞窟，属于云冈石窟的霞光晚照，但在其西壁上层佛龛中的弥勒，也是右腿在前，左腿在后（图 3-46）。第 35 窟是延昌五年（516）开凿的小龛，其中的弥勒菩萨也继续了右腿在前的样式（图 3-47）。可见，在云冈石窟北魏一朝交脚弥勒的坐式上，交叉腿中的右腿在前是一种通用的样式，也可能是一种标准的规范样式。如西安碑林博物馆收藏的 1949 年前兴平县出土的北魏皇兴五年（471）的交脚弥勒像，同样也是右腿在前，左腿在后（图 3-48）。相似的交叉腿还有该馆收藏的北魏时期的刘保生夫妇造弥勒像（图 3-49）。龙门石窟齐郡王元祐造弥勒像同样右腿在前，左腿在后，造像题记年号是北魏熙平二年（517）（图 3-50）。但是，在该

图 3-45　云冈石窟第 18 窟东壁北魏交脚弥勒菩萨

图 3-44　云冈石窟第 18 窟南壁弥勒

图 3-47　云冈石窟第 35 窟西壁北魏交脚弥勒菩萨

图 3-46　云冈石窟第 26 窟西壁弥勒

图 3-48 兴平皇兴五年弥勒碑（西安碑林博物馆藏）

图 3-49 刘保生弥勒碑（西安碑林博物馆藏）

图 3-50 龙门石窟古阳洞元祐造弥勒

洞北壁上部北海王元祥的造像龛中，弥勒菩萨的左腿放在了前边（图 3-51）。北壁上部外侧的长乐王穆陵亮夫人尉迟造像龛中的弥勒像，也是左腿在前（图 3-52）。尉迟氏造像龛题记是“北魏太和十九年十一月”（495），也就是孝文帝刚刚迁都洛阳，龙门石窟也刚刚开始开凿的时期。尉迟氏作为北魏第一代迁都洛阳的贵族，第一批参与开凿龙门石窟的施主，其弥勒像的交叉腿就发生了变化。这种和云冈石窟完全相背的交叉腿，有两种可能：一是造像的工匠搞不清楚弥勒像交叉腿的前后次序，二是迁居洛阳后贵族们有意为之，以区别于故都平城京时的云冈样式。但是，不管什么原因，左腿在前的交叉姿势从北魏迁都洛阳开始，对后世产生了影响。如西安碑林博物馆收藏的北周天和年间（566—572）的四面造像碑中的弥勒菩萨，其交叉的两腿就都是左腿在前，而右腿在后（图 3-53）。无论是右腿在前还是左腿在前，这种交腿的坐势都不是中土的传统，因为对于席地而坐的民族来说，两腿若要交叉只能是盘腿。只有坐具提高，人们的两腿才会下垂，也才能够有空间将两腿交叉。北魏时期的佛教造像之所以如此钟情交叉腿的样式，完全是一种猎奇，也是将其形象区别于中土神明的身体语言，让善男信女们一见这样的姿势，立马将其区别于本土大众，以增添异域崇敬之情。

图 3-51　龙门石窟古阳洞元祥造弥勒

图 3-52　龙门石窟古阳洞尉迟造弥勒

图 3-53 北周天和年间交脚弥勒（西安碑林博物馆藏）

倚坐 倚坐也叫善跏趺坐，就是坐在高的坐具上，两腿自然下垂，不交叉。倚坐的形式最早见于甘肃炳灵寺，时间是十六国的前秦时期。到了北魏时期，倚坐的形式在云冈石窟中屡见不鲜。如云冈石窟第 19 窟西壁外侧的倚坐佛，坐在一方形座上，两腿自膝盖以下自然下垂（图 3-54）。但是，作为云冈早期的坐姿，这种倚坐的形式还是比较少见，主尊大多是盘腿禅坐的坐姿。到了中期，也就是和平六年至太和十八年（465—494）时期，倚坐的姿势逐渐多了起来，如第 10 窟前室北壁西侧佛龛内的主尊，就采用了这样的坐姿，与第 19 窟不同，这里的主尊所坐的坐具是束腰形式的须弥座（图 3-55）。第 12 窟前室西壁屋形龛三尊主佛，中间的是弥勒，左右两尊主佛都是倚坐形式（图 3-56）。弥勒左右的主尊之所以都是倚坐坐姿，也许是为了与弥勒的交脚坐姿统一。第 38 窟是云冈晚期的佛龛，其中所倚坐的坐具像是北方民间的土炕（图 3-57）。

综观北魏时期的造像，倚坐的方式相较盘腿和交叉腿坐姿不

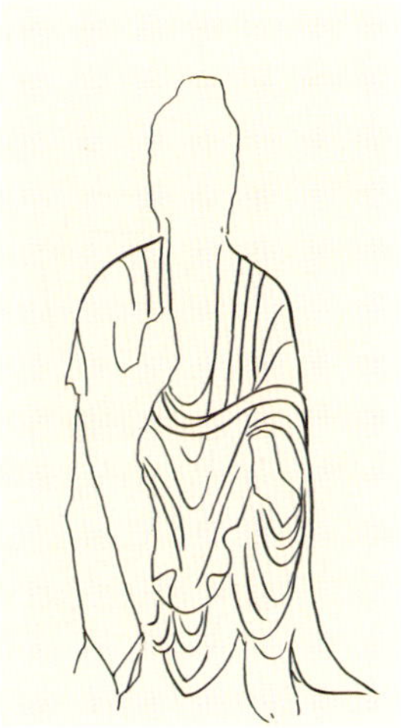

图 3-55 云冈石窟第 10 窟前室北壁西侧北魏倚坐佛

图 3-54 云冈石窟第 19 窟倚坐佛

图 3-56 云冈石窟第 12 窟倚坐佛

是主流，但到了北齐、北周时期，倚坐的姿势渐渐出现在造像碑上。如太原天龙山石窟第 6 窟是北齐时期的，主尊就是倚坐的姿势。与北魏时期不同的只是主尊脚底下的变化，北魏时期的脚下什么也没有，北齐时已经改成了脚踩覆莲或仰莲的样式，主尊的坐具也安放在莲座的中心（图 3-58）。西安碑林博物馆所藏北周

图 3-57　云冈石窟第 38 窟西壁佛龛倚坐佛

图 3-58　太原天龙山石窟第 6 窟北齐倚坐佛

图 3-59　北周天和四年夏侯纯造像碑倚坐佛（西安碑林博物馆藏）

天和四年（569）夏侯纯造像碑的主尊就是倚坐的形式（图 3-59）。北周建德三年（574）吕建崇造像碑中的倚坐像则如云冈石窟第 10 窟的形式，其坐具如同束腰须弥座（图 3-60）。另外一尊释迦弥勒造像碑，上层龛中的弥勒佛倚坐中间，两位菩萨也同时和弥勒并肩正面面对观者（图 3-61）。另一尊北周四面造像碑，释迦正面倚坐，两侧弟子菩萨左右侍立，和释迦一样集体面对观者，如同今天的合影照相（图 3-62）。

图 3-60　北周建德三年吕建崇造像碑倚坐佛（西安碑林博物馆藏）

图 3-61　北周释迦弥勒造像碑倚坐佛（西安碑林博物馆藏）

图 3-62　北周四面造像碑倚坐佛（西安碑林博物馆藏）

图 3-63　西安西关王家巷出土北周四面佛造像倚坐佛（西安碑林博物馆藏）

图 3-64　隋释迦千佛造像碑倚坐佛（西安碑林博物馆藏）

1974年西安西关王家巷出土的四面佛像中，三面盘腿坐，一面倚坐，倚坐的造像两手抻着串珠，左右该是菩萨的位置却只是两朵荷花的花苞（图3-63）。北周的倚坐佛直接影响了隋唐，如西安碑林博物馆所藏隋代的千佛造像碑正中间佛龛中的释迦牟尼，采用的也是正面倚坐的形式，不同的是，释迦的坐具已经换成了莲蕾（图3-64）。

菩萨的坐姿

思维坐 思维坐也叫半跏坐，即将右腿抬起架在左腿膝盖上，犹如今天的“二郎腿”，与之配合的是右胳膊肘还要支在右腿上，然后伸出食指顶着右腮，做出思维的动作。该动作还可以将左腿架在右腿上，与标准思维坐对称，如云冈石窟第18窟南壁下层西侧弥勒龛中，弥勒两侧的菩萨各自翘起二郎腿，以手支着腮帮，低头思维（图3-65）。为了对称，左侧菩萨右腿架在左

图3-65 云冈石窟第18窟思维菩萨

腿上，右侧菩萨则是左腿架在右腿上。第 18 窟是北魏早期的形式，这种形式在此后雕凿的思维菩萨中被全盘接受。如云冈中期阶段的第 9 窟前室东壁上层弥勒的两侧，两位思维菩萨就以对称的形式，架着二郎腿，支着腮帮子，低头思维。第 10 窟前室西壁屋形龛中的两位菩萨，同样一左一右对称在交脚弥勒的两侧，思维着佛国的法事（图 3-66）。和前述两窟不同，第 10 窟的思维菩

图 3-66　云冈石窟第 10 窟思维菩萨

图 3-67　云冈石窟第 26 窟思维菩萨

萨不再那么苦思冥想，而是抬起头来直面观者。也许，他们已经参透了佛教的真理？另外，早期的两位思维菩萨虽然形象小于所侍奉的弥勒，但却与弥勒同处于一个佛龛，同在一座屋檐下，但到了中期，两位思维菩萨各自都有自己的小龛，各自都有了自己的天地。如第 12 窟，思维菩萨的小龛，除了宽度略窄一点儿外，高度和弥勒龛一样。这种条件的改善，说明其地位的抬升。第 26 窟是云冈石窟晚期阶段的形式，这里的思维菩萨虽然也有自己的小龛，但却又矮又小，明显处于侍从的地位（图 3-67）。

云冈石窟思维坐式还有特殊的两例。一是第 9 窟后室南壁第二层的两尊菩萨，不是一左一右胁侍在弥勒两侧，而是一前一后并列在一起，面向右侧倚坐的主尊。这种将左右胁侍思维菩萨安置在一边的做法，十分罕见（图 3-68）。

图 3-68　云冈石窟第 9 窟思维菩萨

第 9 窟前室北壁明窗两侧下部还对称雕刻了两位全裸带须的人物，同样采取了二郎腿的坐式，分别坐在束腰墩子上，但从其裸露的身躯和瘦骨嶙峋的样子来看，不是菩萨，而是“梵志”（图 3-69）。梵志本不是释迦牟尼的弟子，但在一次和释迦牟尼讨论发现的骷髅时，为释迦牟尼的学识所折服，潜心学佛，最终成为罗汉。图中两位梵志手中拿着的东西就是骷髅。《西游记》中的沙和尚所带的串珠之所以是骷髅，即来源于此。两位梵志坐在门口两侧，俨然守门人，如此布置，也说明梵志尚未成为佛的弟子，其举起的手臂，像是在和佛祖讨论着骷髅究竟是男是女，或是非有非无。将梵志安排在门口的做法，说明他们还没有被佛祖接受，还处在入门的阶段。

另外，第 6 窟中心塔柱北面下层佛龛左侧佛传故事中的“仙人占相”中的仙人也和梵志一样，把右腿架到了左腿上，坐在束腰墩子上（图 3-70）。

勇猛坐　是将坐禅的坐姿解放的方式，左腿在盘曲的基础上，稍稍向外倾斜舒展，右腿则完全向外伸开，两腿成箕踞的样子。《佛说造像量度经续补》说：“左蜷而右膝直立其边，谓之勇猛跏趺。”《摩诃僧祇律》也有“若坐久虚极者，当互舒一脚，不得顿舒两脚”

图 3-69　云冈石窟第 9 窟梵志

图 3-70　云冈石窟第 6 窟仙人

图 3-71 云冈石窟第 9 窟后壁勇猛坐

图 3-72 云冈石窟第 9 窟后壁莲花勇猛坐

之记载。云冈石窟第 9 窟后室南壁明窗西侧的普贤菩萨就是以勇猛坐的姿势坐在象背上（图 3-71），和他相对的文殊菩萨也以同样的坐姿坐在莲花座上（图 3-72）。文殊菩萨之所以没有乘坐狮子而是莲花，则与《法华经》所云有关，《法华经》说："尔时文殊师利坐千叶莲花，大如车轮，俱来菩萨，亦坐宝莲花……至于佛前。"另外两尊同样坐式的阿修罗天和鸠摩罗天，位于第 10 窟前室北壁拱门上部须弥山两侧（图 3-73）。第 6 窟中心塔柱西面下层佛龛右侧的佛传故事中的"乘象归城"，悉达多太子也是勇猛坐的姿势，和上述普贤的坐式相反，太子屈起的是右腿（图 3-74）。由此可见，这种坐式尚不为主尊所用。这也说明，菩萨

图 3-73 云冈石窟第 10 窟勇猛坐

图 3-74　云冈石窟第 6 窟勇猛坐

和阿修罗天之流的坐功还不到位，没有释迦牟尼那样的定力。

坐姿总括

结跏坐（盘腿坐）、交脚坐、善跏坐（倚坐）、思维坐和勇猛坐五种坐式都出现在云冈石窟，表明至少在北魏中期，人们已经很认可和习惯外来佛教的坐式了。虽然这些坐式都不是中土所产，都是舶来品，但随着对佛教的不断认识，人们也逐渐容忍其怪异的坐姿在各地流行，并将其制作成样本，让人们顶礼膜拜，鲜花供养，观瞻学习。将不同于中土的坐姿特别地表现在直观的形象之中，旨在表明佛教的域外特性。

从造像雕凿的先后看，云冈石窟早期（460—465）禅定坐的姿势，一般都是右腿压左腿，将右足露出，搁在左腿上，脚心朝上，如云冈石窟第 19 窟本尊。西安市北郊查家寨出土的北魏景明二年（501）四面造像中的两尊坐禅造像，其形式也是右腿压左腿，右足露出，脚心朝上（图 3-75）。但是，也有例外，如西安市西关王家巷出土的和平二年（461）释迦坐像，其左脚也露在外面，脚心朝上。区别的是右腿在外，左腿在里（图 3-76）。将右腿放

图 3-75 西安北郊查家寨出土北魏景明二年四面造像（西安碑林博物馆藏）

图 3-76 西安碑林和平二年王家巷坐佛（西安碑林博物馆藏）

在前边，也就是外侧，表明了右腿压左腿的标准禅定坐式。到了唐代，右腿压左腿的定式有了变化，如西安碑林博物馆旧藏唐开元七年（719）的造像碑，主尊坐佛的双腿却是左腿压右腿，且左腿在前，脚心也被裹在衣服里边（图 3-77）。同样的姿势在至德三年（758）造像碑中也有表现，寻常上举施无畏印的右手也自然下垂，搭在右膝上，左手却手心朝上放在左脚跟上（图 3-78）。这种和传统右腿压左腿、左手扶膝的样子完全相反的表现形式，在另一尊咸通五年（864）造像碑中也是如此（图 3-79）。左腿压右腿的样式在青州龙兴寺出土的北齐造像中也有（图 3-80），同时，日本奈良药师寺金堂白凤时代（673—696）的药师如来坐像，也是左腿压右腿，左脚心朝上（图 3-81）。东方药师如来的世界和西方阿弥陀佛净土世界方向相反，按照一般的认识，主佛分东西，其坐式自然也要相反。北齐至唐代个别佛像左腿右腿孰先孰后的区别，很可能与东西两个世界的对称相反方向有关。但是，在佛像发源地的犍陀罗（今巴基斯坦）造像，也有左腿压右腿的姿势（图 3-82）。可见，在佛像的坐姿上，一开始并没有严格的限定，必须左腿压右腿或者右腿压左腿。

佛的手相

手相就是手的姿势，这是佛教造像坐姿之外重要的姿势，也

图 3-77　唐开元七年造像（西安碑林博物馆藏）

图 3-78　唐至德三年造像（西安碑林博物馆藏）

图 3-79　唐咸通五年造像（西安碑林博物馆藏）

图 3-80 青州龙兴寺北齐贴金坐佛（青州市博物馆藏）

图 3-82 印度犍陀罗佛像

图 3-81 日本奈良药师寺释迦

是辨别佛像性质和归属的重要标志，还是辨别佛陀身份名称以及行事的标准。不同的佛像和行事，手势就不同。坐禅和说法，降魔与施无畏印就各有法定的手势，至于后来密宗的手势更是千姿百态，不同的手势甚至还有不同的法力。

坐禅的手相　坐禅的手相有两种，一是两手上下相叠，平放在腹部，二是前后相叠，捂在腹部。一般情况下，在独自禅修的时候，坐禅的佛徒不说话，即便是共同坐禅，也很少有发表议论的机会，因此，作为语言辅助手段的手势也就用不上，只能刀枪入库，自然放置在膝上。如云冈石窟北魏时期坐禅形象，几乎全都是双腿盘曲，两手手心朝上叠放在腹部，净心稳坐。如第 5 窟北壁坐佛（图 3-83）。这种手心朝上的手相被确定为标准禅定印，其基本姿势是右手压左手，拇指相对（禅定印）。按照右腿压左腿、右为上的一般规律，坐禅的手势也采取了右手压左手，手心朝上

图 3-83　云冈石窟第 5 窟坐佛

的方式。

如前所述，在十六国时期的后赵建武年间的金铜佛手相，其手势是将两手捂在腹部，如龙门石窟地花洞南壁坐佛，就是左手捂着右手，抱在腹部（图 3-84）。同样的形式在古阳洞史荣造释迦像龛（图 3-85）和步辇郎妻一弗氏造像龛（图 3-86）以及路洞南壁下层内龛中的坐佛上也有表现（图 3-87）。西安碑林博物

图 3-84　龙门石窟地花洞坐佛

图 3-85　龙门石窟古阳洞史荣造像

图 3-86　龙门石窟古阳洞步辇郎妻造像（引自《中国石窟龙门石窟》）

馆旧藏北魏太和二十年（496）皛氏一族造像中的主尊，也是右手捂着左手放在腹部正中间（图 3-88）。可见，两手抱在腹部的手势是北魏时期流行的坐禅手势，而且可能是比较早的坐禅手势。甘肃永靖炳灵寺第 169 窟是西秦时期的造像，其南壁上部的五位坐禅佛造像，坐在最里边的主佛手势就是两手捂在腹部（图 3-89），而不是手心朝上的摊放。北壁后部壁画中的主尊同样也是采取了

图 3-87　龙门石窟路洞坐佛

图 3-88　西安碑林皛氏一族造像（西安碑林博物馆藏）

图 3-89　炳灵寺石窟 169 窟西秦坐佛

捂着腹部的坐禅手势（图 3-90）。但是，其他泥塑坐禅手势却还是手心朝上，两手上下叠放。可见，十六国时期的坐禅手相，既有捂着腹部的，也有平摊在腿上的（图 3-91）。这种捂在腹部的手势来自佛教图像，在佛像的原产地巴基斯坦也有，如巴基斯坦出土的一件“太子观耕”石雕，太子就是双手相叠，拇指相抵，贴在腹部。

无论是手心朝上还是两手捂在腹部，都是禅定的标准手相，但也有例外，如陕西省西安市长安区查家寨北魏景明二年（501）的禅定手相，在右手捂在左手手背的同时，右手中指以下却拳起内握，将食指伸出，犹如现在的持枪姿势，或许这是坐禅感悟的情不自禁（图 3-92）。

图 3-90　炳灵寺石窟第 169 窟壁画坐佛

图 3-91　炳灵寺石窟第 169 窟南壁坐佛

图 3-92　长安查家寨坐佛（西安碑林博物馆藏）

施无畏印和与愿印手相　这是两种手势，其标准表现是一手上举，手心朝前，一手抬起，五指下垂，同样手心朝前。左手、右手的姿势，其实是对称相反，如云冈石窟第 6 窟中心塔柱南面上层的立佛，左右手一上一下，不同的只是左手屈起了中指和食指（图 3-93）。但早期的施无畏印并没有后来那么规范，必须两手互动，而是右手举起，左手则还有其他动作。有的佛像左手的表现是无所事事，很自然地放在左膝盖上，如云冈石窟第 19—2 窟西壁的倚坐佛像，其左手就很休闲地放在屈起的左腿上（图

图 3-93　云冈石窟第 6 窟中心塔柱南立佛

图 3-94 云冈石窟第 19—2 窟坐佛

3-94）。有的则如云冈石窟第 18 窟南壁上层东侧释迦多宝佛龛中的多宝佛一样，将左手放在右脚心上，十分悠闲（图 3-95）。南壁明窗东壁的释迦多宝龛中的多宝佛，左手虽然五指下垂，但其中指和无名指却都蜷了起来，让食指和小指对准大地下垂（图 3-96）。还有的闲来无事，安排左手牵起飘在身边的飘带，以免

图 3-95 云冈石窟第 18 窟南壁释迦多宝

图 3-96 云冈石窟第 18 窟明窗东壁释迦多宝

图 3-97　云冈石窟第 17 窟南壁释迦多宝

图 3-98　云冈石窟第 7 窟后室坐佛

沾染灰尘，如第 17 窟南壁明窗下部东侧的双佛，就是各自用左手攥着帛带（图 3-97）。手攥飘带也不限于一种形式，如第 7 窟后室上层东南角的坐佛，是将飘带举在胸前（图 3-98）。后室西壁第 4 层的坐佛，在攥着飘带的时候，其指头还各有分工，除拇指、中指和无名指负责攥着飘带外，食指和小指还翘了起来，犹如京戏中的“兰花指”，十分潇洒（图 3-99）。第 10 窟后室南壁第 4 层东侧佛龛内的主尊，左手掌心朝上放在右脚面上的同时，

图 3-99　云冈石窟第 7 窟后室西壁坐佛

手里还攥着一条飘带，但食指却在飘带之下偷偷地伸了出来，行使着与愿印的职责（图 3-100）。这样的姿势在第 10 窟比比皆是（图 3-101）。第 11 窟南壁明窗西侧释迦多宝佛龛中的两尊佛像，都是手心朝上，微微屈起中指和无名指，护挡着手中的飘带，食指和小指则向外伸出（图 3-102）。

施无畏印和与愿印最后完成的动作是将胳膊抬起，让手掌离

图 3-100　云冈石窟第 10 窟后室坐佛

图 3-101　云冈石窟第 10 窟后室南壁坐佛

图 3-102　云冈石窟第 11 窟南壁释迦多宝

开膝盖，五指自然下垂，完成施无畏印和与愿印的组合表现，如云冈石窟第 6 窟南壁中层坐佛，右手就完全竖立起来，左手也把手臂提起，让五指并排，规规矩矩地指向大地（图 3-103）。但在让五指完全垂直向下之前，因为手中还要攥着飘带的原因，一些佛像的左手仍然继续了蜷曲的形式，如第 11—10 窟中的佛像，手中虽然没有飘带可攥，但其三根指头依然内蜷（图 3-104）。这种手中有物可攥到虚空无物的样子，也见于 11—16 窟东壁佛

图 3-103 云冈石窟第 6 窟坐佛

图 3-104 云冈石窟第 11 窟坐佛

龛内的交脚弥勒像，其左手就是虚攥的样子（图 3-105）。

无论是云冈石窟还是龙门石窟，主尊的右手一开始在胸前举

图 3-105　云冈石窟第 11 窟东壁弥勒

起来的时候，像是要给顶礼膜拜的人们打一个招呼，客气客气。到了云冈中期，也就是465年后，左手才羞羞答答地离开膝盖，开始竖立起来，掌心朝前。但是，应该完全下垂的五个手指却并没有全部伸开，而是将中指、小指和无名指蜷了起来，只把食指下垂指地。到孝文帝迁都洛阳之后，云冈石窟的手势，仍然不肯全部暴露，甚至还有借助衣服裙摆将两手遮盖起来的表现。即便要让指头下垂，也是将一指二指慢慢伸出。如龙门石窟宾阳中洞主尊的样子（图3-106）。也有中指和食指同时伸出指地的形式，如宾阳中洞北壁立佛（图3-107）。陕西长安县查家寨出土的北魏景明二年（501）四面造像碑中的一尊施无畏印和与愿印的造

图3-106　龙门石窟宾阳中洞主尊

图3-107　龙门石窟宾阳中洞北壁立佛

像中，其与愿印的左手不是垂直的姿势，而是像要朝前赶着什么的样子，小手指还微微弯曲（图 3-108）。另外一尊倚坐的佛像，其左手同样用赶的姿势，但弯曲的不是小指而是拇指（图 3-109）。这种或屈小指或屈拇指的变化，可能是造像匠师的有意为之，但手相不是五指垂直地面，而是朝前赶的形式，应该是与愿印的过渡阶段表现。和查家寨的佛像手势相近，云冈石窟第 11—6 窟的坐佛，左手在下垂的时候，拇指捺住了中指，无名指顺其自然，和中指向内弯曲，让食指和小指垂直向下，但食指却也没有充分伸直，还是有点儿弯曲，如朝前赶的样子（图 3-110）。

按照规定，施与愿印的时候，手掌掌心应该朝前，但是也有例外，如云冈石窟第 6 窟中心塔柱北面下层的多宝佛，却是手背朝前，把宽厚的一面手掌，朝向自己的身体（图 3-111）。第 11 窟西壁第 3 层南侧佛龛中的主尊，放在右脚掌心上的左手食指微微伸出，像是在轻轻地叩击脚部的经络（图 3-112）。第 12 窟后室南壁第 3 层西侧佛龛主佛，左手捂在右脚掌上，只是让食指和小指完全伸开（图 3-113）。这种手心朝向腹部的做法应该来源于禅定印中捂着自家腹部的方式。

说法的手相　说法手相最明确的是释迦多宝说法组合，其中，两人的手势右手都是上举如施无畏印，左手则比较自由地放在右

图 3-108　西安查家寨坐佛（西安碑林博物馆藏）

图 3-109　西安查家寨倚坐佛（西安碑林博物馆藏）

图 3-110　云冈石窟第 11—16 窟坐佛

图 3-111　云冈石窟第 6 窟中心塔柱北释迦多宝

图 3-112　云冈石窟第 11 窟西壁坐佛

图 3-113　云冈石窟第 12 窟后室龛佛

脚心上。释迦多宝组合意在表现佛的说法场面，其手势当然应该就是说法的样子，如云冈石窟第 17 窟明窗下东侧释迦多宝说法就是采取了这样的手势（图 3-114）。释迦多宝龛下有北魏太和十三年（489）的造像题记，可见，北魏早期的说法手势，其右手和施无畏印没有太大的区别，左手则与与愿印类似，变化的则是左手手指没有直指大地，而是将手指弯曲起来。这种手势也被

图 3-114 云冈石窟第 17 窟明窗下释迦多宝

图 3-115 云冈石窟第 13 窟南壁立佛

弥勒菩萨所用，如释迦多宝龛之上的弥勒菩萨，也是同样的动作。另外，第 13 窟南壁拱门上的七尊立佛，同样右手上举，左手除左侧两尊五指指地外，另外五尊都是蜷起手指（图 3-115）。第 11 窟南壁明窗西壁释迦多宝龛中的释迦牟尼，左手食指和小指伸开，中指和无名指朝上蜷起，拇指抚摩着中指，似乎在讲说着第几个问题（图 3-116）。第 17 窟是和平年代（460—465）开凿的，属于云冈早期石窟的风格，第 11、13 窟则是第二期的产物，也就是和平至孝文帝迁都之前（460—494）的风格。从第 17 窟到第 13 窟，说法的手相一脉相承，说明云冈时期的人们都认可这样的说法手势。

到了龙门石窟的时代（493—534），说法的手势在右手上举不变的前提下，左手也有些微变化，如宾阳中洞正壁坐佛，其左手就是将食指伸出，像是在讲说着第一个法理。同样的手势在汴州洞北壁佛龛中的主尊像上也清晰可见（图 3-117）。魏字洞正壁坐佛的左手稍有变化，除了食指外，中指也一起伸出，如此处理，也许是讲说的佛理又多了一层（图 3-118）。药方洞北壁释迦多宝龛中的释迦牟尼，同样也是伸出了左手的食指，向听众讲说着深奥的佛教真理（图 3-119）。由此可见，到了北魏迁都后的龙门石窟时期，说法的手势更加明确，或者伸出食指，或者中指食指同时伸出。手指的动态是语言表达的外在形式，也是判定佛像

图 3-116　云冈石窟第 11 窟南壁释迦多宝

图 3-117　龙门石窟汴州洞北壁龛佛

图 3-118　龙门石窟魏字洞主尊

图 3-119　龙门石窟药方洞龛佛

说法手势的依据，同时还可以做断代的标准和尺度。云冈时期的蜷起和龙门时期的一两根食指的伸出，表明了说法手相的前后不同和延续。

思维的手相　思维的手相只出现在思维菩萨身上，其基本形式是一只胳膊肘支在架起的腿上，食指伸出支着腮帮，拇指或蜷或伸，其余指头都握起，另一只手则自然地搭在翘起的小腿上，如云冈石窟第10窟前室西壁第3层弥勒菩萨两侧的思维菩萨（图3-120）。河北正定县文管所收藏的北齐武平四年（573）双思维菩萨像，就分别以左右手的食指顶着腮部，做出思维的样子。但是，这种以食指指着腮部的样子有点儿像是表演。或者，造像者的目的就是想告诉世人，要像佛菩萨一样思考人生的过去、现在和未来的话，首先要先学会思维的基本动作和姿势（图3-121）。其实，这种以手指支撑着腮部或以拳头支撑腮部的做法，也是生活中沉思或思考的习惯性动作，如山东青州龙兴寺北齐思维菩萨（图3-122）。这种形式的思维菩萨也漂洋过海影响到了日本，如日本京都广隆寺所藏的木雕思维菩萨，是圣德太子时期（隋末唐初）的造像（图3-123）。奈良中宫寺飞鸟时代楠木雕刻的思维菩萨则具有南朝的风格（图3-124）。

图3-120　云冈石窟第10窟思维弥勒

图 3-121　北齐双思维菩萨（正定县文管所藏）

图 3-122　龙兴寺北齐思维菩萨（青州市博物馆藏）

图 3-123　日本京都广隆寺飞鸟时代木雕思维菩萨

图 3-124　日本奈良县中宫寺飞鸟时代木雕思维菩萨

其实，当释迦牟尼创立佛教的时候，并没有那么多坐姿和手势，即使有也没有那么复杂，只不过是将两手摊开和合起两种，在摊开的手势中以右手上举、左手下伸最为常见，而两手合起的手势或者右手抱左手，捂在腹部，或左手压右手，叠放在腹部。两手摊开的手势原本没有明确右手必须举起直立在胸前，而是很自然地打开，掌心也不是朝前，而是自然偏上，如十六国至北魏早期的金铜佛。但到了云冈时期，右手却被逐渐固定为直接上举，掌心朝外，这种变化，很可能与造像的雕凿有关，是圆雕或浮雕技法限制使然。另外，上举的右手一般都是五指分开，或者拇指靠拢食指，没有太多的变化。这种五指张开面向观众的姿势后来被总结为施无畏印，并被武侠小说借用为施掌中雷的形式，手掌往上一举往前一推，就施展了法力。但同样是五指张开，下垂指地的与愿印，却在北魏时期的造像中变化多姿。有的按照教义将五指下垂，多数仅仅是自然蜷起，变化的则是或蜷两指，或蜷四指，或蜷三指，没有定式。

四、隋唐五代佛像

隋唐五代佛教造像，是中土样式的成就时期，这个时候的佛像以草原民族健康丰满的审美观为主导，面容更加安详自如，表情更加自信豪放，线条也十分流畅贴切（图 3-125）。

图 3-125　晋城古清莲寺唐胁侍菩萨

就躯体而言，隋代受拜占庭风格的影响，佛、菩萨等身躯普遍拉长拉高，因此头部就显得略微小了一些，坐佛的腰部细瘦，腹部提起，胸部开始向外扩展，如甘肃永靖炳灵寺第 8 窟西壁隋代坐佛（图 3-126）。同样形式的坐佛在远隔甘肃数千公里的山东青州龙兴寺也有表现，如该遗址出土的隋代如来坐像，其上半身也特别修长，腰腹部也向上提起（图 3-127）。可见提起腰腹部的做法是一种时代风格，这种风格的形成一定与当时的坐禅或修炼方式有关，是社会上普遍认可和流行的坐式。而这种风格的源头其实在北齐、北周时期就已有端倪，如河北临漳县习文乡太平渠出土的北齐弥勒三尊石造像中的弥勒菩萨，其腰身就很瘦长（图 3-128）。炳灵寺石窟第 172

图 3-126　炳灵寺石窟第 8 窟隋坐佛

窟西壁佛帐内北壁坐佛，其上半身同样特别长，腰腹部则因此而明显瘦了很多(图3-129)。唐代佛像的身躯继承了北齐圆润的风格，显得格外健康匀称，雍容华贵。如炳灵寺第34龛主尊，其腰部逐

图3-127　青州龙兴寺隋坐佛（青州市博物馆藏）

图3-128　临漳北齐弥勒（河北省文物研究所藏）

图3-129　炳灵寺石窟第172窟北周坐佛

图 3-130　炳灵寺石窟第 34 窟佛菩萨

渐肥硕，加上厚重的服饰，就显得特别丰满，旁边的菩萨甚至还露出了“救生圈”式的赘肉（图 3-130）。这是西亚的审美追求，也是跳肚皮舞的基本条件，必须有一个隆起的小腹部，方能够在扭腰摆臀的时候抖出女性的肉感美。

隋唐佛的面相与表情

和北魏时期不同，隋唐时期的佛像更趋向于沉思。表现在面部表情上，就是不苟言笑，嘴唇紧闭，眼睛微眯，眼神下垂，或凝注于自己的鼻尖，或俯视着跪在面前的善男信女。这种不再睁大眼睛直视人世的表现，说明佛已经不是以一个和蔼可亲的胡神形象让人过目不忘了，也用不着以欢喜的面容打动观众了，佛闭眼闭嘴的表情其实是在暗示人们，真正要摆脱凡俗的世界，必须闭上眼睛，闭紧嘴巴，关闭和凡俗世界接触的窗口，回到自身，回到心灵深处，从内心解脱开始，从自我认识开始，静思冥想。而佛教所提倡的自我解脱的不二法门就是静坐静思。如河南博物院收藏的隋开皇二年（582）荀国丑造像碑主尊和左右胁侍菩萨，都是嘴眼紧闭，沉浸到超凡脱俗的境地。佛的两手也紧紧地抱在腹部，进入禅境（图 3-131）。如前述青州龙兴寺隋代如来坐佛，其表情同样嘴眼紧闭，不苟言笑。

隋代佛像的面相和表情延续自北朝，尤其是被隋文帝篡夺了

图 3-131　河南博物院藏隋荀国丑造像碑

王位的北周，其佛像的面相和表情一直是隋唐造像的样板。如西安市南郊塔坡清凉寺出土的隋代交脚弥勒菩萨，头部微低，嘴角紧闭，眼睛也是下垂俯视，一副静思的神态，无视大千世界（图 3-132）。西安市西关机场出土的北周残佛头（图 3-133），以及西安西郊空军通讯学校出土的另一尊佛头（图 3-134），也同样都是沉思的状态，这种沉思的面相在同时同地出土的菩萨头像上同样存在（图 3-135），并一直延续到唐代（图 3-136）。山西芮城风陵渡东章出土的唐长安三年（703）释迦如来坐像，释迦虽然右手抬起做说法的姿势，但是其嘴唇紧闭，两眼下垂，似乎沉浸在坐禅之中（图 3-137）。同时出土的另一尊景龙三年（710）

图 3-132　西安南郊清凉寺出土隋弥勒像（西安碑林博物馆藏）

图 3-133　西安西关机场出土北周佛头（西安碑林博物馆藏）

图 3-134　西安西郊空军通讯学校出土北周佛头（西安碑林博物馆藏）

图 3-135　西安西郊空军通讯学校出土北朝菩萨头像(西安碑林博物馆藏）

图 3-136　西安西关机场出土唐佛头（西安碑林博物馆藏）

图 3-137　芮城长安三年坐佛（芮城县博物馆藏）

的如来坐像，眼睛完全闭合，精神则已入禅境（图 3-138）。山西博物院收藏的运城夏县征集的唐开元十四年（726）阿弥陀如来坐像，两眼虽然微开，但眼神并无所向，一副旁若无人的空灵样子（图 3-139）。永靖炳灵寺第 38 龛唐代站立的主尊佛，手相说法，但其表情也是闭眼闭嘴，不苟言笑，两侧的菩萨也同样做

图 3-138　芮城景龙四年坐佛（芮城县博物馆藏）

图 3-139　夏县开元十四年坐佛（山西博物院藏）

图 3-140　炳灵寺石窟第 38 窟佛菩萨

出紧闭双眼、无视人间的样子（图3-140）。

微睁双眼下视或目光无神，加上紧闭嘴唇的表情，构成了自北齐至隋唐佛、菩萨像的时代特征，如成都万佛寺出土的一尊观音菩萨残头像（图3-141）。慈眉善目的佛、菩萨为何一反常态地如此不苟言笑，表情冷漠？个中缘由应该与佛像的用途有关。佛教徒们制造佛像的根本目的并不单纯是供养怀念，而是要依据佛、菩萨的样式修行。坐禅要求入定，要求专注，要求心无旁骛，要求一心一意。但是什么样的动作表情才是规范标准的？佛和菩萨是最好的榜样。按照佛、菩萨的动作打坐或站立，比照佛、菩萨的表情静思默想，如同南北朝时期学着佛、菩萨的手势、坐式入定修禅，就能够像佛、菩萨一样达到修行的目的，隋唐时期佛、菩萨深思熟虑的神态、目中无人的表情，就是灵魂出窍的标准像，也是佛教徒们毕生都应该效法学习的楷模。比着葫芦画瓢是最直观形象的教学方式，也是最简便易行的学习模式。对于众多不识字的下层民众来说，图像的教学较之念经听讲更容易入脑入心，更容易模仿把握。众多坐佛、立佛和胁侍菩萨，就是信徒们最好的学习榜样，是从仪式的角度修习佛教的教科书、可以身体力行的图像教材。即使到了20世纪初，主宰大清王朝的慈禧太后，还率领身边的嫔妃、太监，装扮成佛、菩萨的样子合影，以图超生西方极乐世界。可见图像在中国社会中的影响是多么深远！

图3-141 万佛寺唐菩萨头（四川博物院藏）

佛、菩萨以身作则的表现，也给善男信女们以强烈的震撼和导向，按照佛、菩萨的身体语言循序渐进，不愁达不到成佛成仙的境界。另外，佛、菩萨无视一切的表情，也告诫人们，身外无物，心外无物，现实的所有都是非有，都是幻化，都不必过多地去关注。

这也是佛、菩萨像制作者的意图之一。

隋唐佛的坐式

隋唐时期佛的坐式，基本上还是延续了北朝时期盘腿结跏坐、交叉腿坐、倚坐、思维坐、勇猛坐等几种坐式，但由于坐具的抬高和西域传来的欧洲生活方式，倚坐、思维坐和勇猛坐的姿势越来越多。

结跏坐　结跏坐是传统盘腿坐禅的姿势，和南北朝的坐式相比，隋唐时期虽然也有右脚露出的表现，如永靖炳灵寺第 37 龛

图 3-142　炳灵寺石窟第 37 龛坐佛

唐代主尊，右脚脚心朝上，但其衣服纹样却较之北朝时期简化了许多（图 3-142）。最重要的变化就是脚掌不露，且将裹脚的衣服缠绕起来，如上述山西风陵渡出土的唐长安三年（703）的释迦如来坐像，覆盖右脚的衣服就绕了好几圈，裹得更紧了。这种形式在永靖炳灵寺第 47 龛也有表现（图 3-143）。不仅石造像如此，金铜造像也是这样，如收藏在日本佐野美术馆的一尊唐代金铜如来坐像，佛的两足也同样被密集缠绕的衣纹所遮挡（图 3-144）。

图 3-143　炳灵寺石窟第 47 龛坐佛

图 3-144　佐野美术馆藏唐代金铜佛

图 3-145　日本永青文库藏唐造像

图 3-146 山东博物馆藏隋墓壁画

日本永青文库收藏的唐代石造像，盘起的双腿也是被袈裟缠住，不留痕迹（图 3-145）。盘腿不露腿，其实也是当时社会上流行的坐姿，如山东嘉祥隋代徐敏行墓出土的墓主夫妇宴乐壁画，墓主夫妇盘腿坐在榻上，将袍服的下摆遮挡住了各自的腿脚（图 3-146）。而这种不露腿脚的坐姿正是中土传统的坐姿，也是一种标准的姿势，那就是不能随随便便把自己的腿脚裸露在外。司马迁《史记》中记载刘邦刚刚洗完脚就接见郦食其就被认为是一种无礼的表现。所以，唐代佛、菩萨将腿脚严密遮挡且还要紧绕上几圈的做法，实际上是在向传统回归，让外来的和尚入乡随俗，拉近佛、菩萨和中土的距离，让信徒们更容易相信佛也是自家的主宰，自己民族的神明。

另外，传统的右腿压左腿的坐禅姿势，在隋唐时代似乎也不是一成不变的，出现有相反的姿势，这种姿势在 1975 年西安市南郊东八离村出土的鎏金弥陀造像中可见端倪，其中的弥陀佛高踞于莲花座上，其结跏盘起的坐姿就是左腿在上，右腿在下（图 3-147）。到了唐代，这种反其道而行之的坐姿似乎越来越流行，如河南巩义市（原巩县）石窟第 3 窟外壁东侧唐代小龛，第 301 龛中的主尊，也是左腿压在右腿之上，脚心朝上（图 3-148）。

图 3-147　西安东郊隋鎏金弥勒（西安市文物保护考古所藏）

图 3-148 巩义石窟第 301 龛

图 3-149 炳灵寺石窟第 23 龛坐佛

第 291 龛，有唐乾封二年（667）题记，另外，带有唐代题记的还有显庆、龙朔、麟德、总章、咸亨、仪凤、文明、延载、万岁通天、久视、长安、开元等众多年号，除了一处开元十九年（731）的年号外，其他年号贯穿了武则天统治的整个时期，尽管如显庆是唐高宗的年号，但实际上基本上是在武则天的控制之下。可见，这种违背传统的坐姿集中出现在武则天时期，就十分耐人寻味。因为，武则天的上台，不仅仅是外姓取代李唐王朝，而且还是女性登基执政。为寻找君权神授的根据，武则天就曾经借助杜撰佛经来巩固自己的神圣地位，因此，生造一些新的佛教形象，或者改变一下传统的坐姿手相，同样也可以达到标新立异的目的。这种形式的改变一旦为最高统治者所认可，势必影响全国。如远离首都长安的永靖炳灵寺第 23 龛唐代释迦牟尼坐佛（图 3-149）、第 53 龛坐佛（图 3-150）等，也同样采取了左压右的形式。从长安到永靖，相隔数百公里，坐姿完全相同，说明这种左腿压右腿的样式已久被世人认可，同样也是坐禅的标准。另外，在国外收

图 3-150　炳灵寺石窟第 53 龛坐佛

图 3-151　日本逸翁美术馆藏唐代金铜佛

藏的一些佛像中，也有这样的坐姿，如日本大和美术馆筹展的《中国金铜佛》展中逸翁美术馆收藏的唐代金铜如来坐像（图 3-151）。除了传统的右压左外，也可以左压右。这种变化，也说明了唐代佛教坐姿的自由和随意，这些变化就是唐代佛教自由化的重要标志。这也是为何到了唐代，佛教的流派会那么多，每一个流派甚至还又能够分别出小的派别的原因，也说明佛教到了唐代，也开始月印万川、一花五叶了。

坐禅姿势由右压左改为左压右，在巩义市石窟存在这么多，其武则天时期的年号为我们解了密：这是武则天的影响，是武则天在佛教界的革命，也是其女性掌权的佛教形式表现。传统的执政是男性，传统的佛像标准也是在男性统治的历史中被规定下来，那么到了以女性为主宰的时代，改变姿势不过是轻而易举的小事。

图 3-152　山东博物馆藏敦煌唐写经卷首坐佛

相同的坐姿在倚坐式上更是明显和突出。

除了单脚心朝上外，两只脚心同时朝上的坐禅姿势，在唐代也存在，如山东博物馆收藏的唐代敦煌经卷《金光明最胜王经》卷首佛像彩绘图，坐在莲花中的主尊右手搭在左手上，拇指相对，双腿盘起，两足交叉脚心同时朝上（图 3-152）。

图 3-153　山西大同天龙山石窟第 14 窟唐代半跏菩萨（日本东京国立博物馆藏）

半跏坐　半跏坐就是将盘起的双腿中的一条腿解放，随意垂下。如日本东京国立博物馆藏山西天龙山石窟第 14 窟菩萨半跏石造像，其左腿盘起，右腿下垂，一副自由舒适的样子（图 3-153）。敦煌莫高窟第 328 窟主尊两侧的菩萨，也同样采取了半跏的坐姿（图 3-154）。永靖

图 3-154　敦煌石窟第 328 窟

图 3-155 炳灵寺石窟第 30 龛半跏菩萨

图 3-156 炳灵寺石窟第 41 龛半跏菩萨

图 3-157 炳灵寺石窟第 45 龛半跏菩萨

图 3-158　唐代金铜菩萨
（日本 MOA 博物馆藏）

炳灵寺第 30 龛，三位菩萨，中间的站立，两侧的对称半跏坐（图 3-155）。这应该是弥勒菩萨组合，站立的小菩萨是尚未下生的小弥勒。第 41 龛（图 3-156）、第 45 龛的菩萨也是半跏坐（图 3-157）。三处半跏菩萨都歪着脑袋扭着身，一副自由自在的样子。日本 MOA 美术馆藏有一尊唐代的金铜菩萨，也是将左腿盘起，右腿下垂，但盘曲的左脚没有像结跏坐禅那样规矩，将脚掌向身体贴近，而是和下垂的右腿平行，脚趾朝前（图 3-158）。

倚坐　倚坐的姿势在云冈时期就有，但到了唐代，却像一夜春风吹暖了大地一样，越来越多地被运用到造像主尊坐姿上。这种变化的根本原因是生活方式的改变，那就是高足坐具的流行和传统的席地而坐方式的抬高。如台北故宫博物院藏唐代《宫乐图》中的贵族士女们就已经离开了传统的席子，坐上了四条腿的凳子。这种盘腿垂足的坐式，当然要影响到佛像的制作，让释迦

图 3-159　山西博物院藏唐倚坐佛

图 3-160　龙门石窟慧简洞唐倚坐佛

图 3-161　山西博物院藏唐倚坐造像碑

图 3-162　炳灵寺石窟第 3 窟唐倚坐佛

图 3-163　炳灵寺石窟第 4 窟唐倚坐佛

牟尼也离开了地面，由盘坐在莲花座上，改为垂足在凳子、椅子上。如山西博物院藏唐咸亨三年（672）倚坐石造像，两腿虽然有箕踞的嫌疑，但其裸露的裆部却被袈裟所覆盖（图 3-159）。龙门石窟慧简洞倚坐本尊像中同样如此，也是让袈裟遮挡住裆部（图 3-160）。山西长治市南王村唐代彩绘造像碑中的主尊释迦佛，两腿分开垂足，裆部同样完全被袈裟的衣纹所遮挡（图 3-161）。永靖炳灵寺第 3 窟南壁龛内南壁坐佛，倚坐垂足，厚重的袈裟将裆部完全盖住（图 3-162）。第 4 窟西壁倚坐佛膝盖虽然外张的幅度很大，但撑起的袈裟犹如帐篷一样，填平了裆部的空当（图 3-163）。第 78 龛、87 龛倚坐佛遮挡裆部的袈裟甚至像蔽膝一样，有意遮挡着隐秘的裆部（图 3-164）。第 171 龛倚坐大佛，高 27 米，其遮挡裆部的袈裟虽然没有前述窟龛的衣纹表现，但与两腿平齐的素面则明显表达了不能裸露裆部的意图（图 3-165）。这种做

图 3-164 炳灵寺石窟第 78 龛倚坐佛 图 3-165 炳灵寺石窟第 171 龛大佛

图 3-166 邺城北吴庄出土唐倚坐弥勒

法表明，虽然倚坐佛像可以垂足，也显现了裆部的位置，但却不可将裆部完全暴露。艺术的处理就是分出袈裟覆盖在腿上，再加以衣纹的刻画，使之遮挡住不便外露的裆部。

倚坐像在唐代的石窟、造像碑和单体造像中司空见惯，其根本原因一是坐禅的减少，佛陀不需要总是结跏打坐，如何坐禅已经深入人心，信徒们早已熟知结跏趺坐的规矩。二是佛陀的身份地位被提高到主宰的位置。既然佛是一个世界的领袖，当然不能总是像师父一样打坐参禅，而应该像人君一样，拥有前呼后拥的排场，因此，初唐以来的倚坐乃至佛陀、弟子、菩萨、天王、力士等组合形式也就广泛普及，佛陀永远位居正中，其坐具当然也不能低矮。尤其是当其部属们都站立的时候，佛陀更不能矮下多少，即使盘腿坐禅，也要高踞须弥座或莲座之上，也要将莲座加长抬高。如此，佛的尊严因为座位的抬高而水涨船高。第三就是坐具的变化，导致了佛陀的双腿不得不垂直到底。这可能是唐代倚坐佛像之所以随处可见的内因（图 3-166）。

箕踞坐　箕踞坐是倚坐的一种，是唐代出现的新坐式，其姿势是在倚坐的基础上，裆部向左右叉开，如山西博物院收藏的运

图 3-167　运城天宝四年坐佛（山西博物院藏）

图 3-168 东平理明窝唐造像

图 3-169 东平理明窝唐坐佛

图 3-170 东营市历史博物馆藏皆公寺箕踞像

城稷山征集的唐天宝四年（745）弥勒如来坐像，弥勒稳坐在带靠背的椅子上，裆部呈扇形叉开（图 3-167）。山东东平理明窝摩崖造像题记表明，该造像凿于唐长安三年（703），中经开元八年（720），至咸通十四年（873）结束，所雕坐佛大多裆部叉开。虽有袈裟遮挡，但无奈袈裟薄细如绸，裸露的裆部根本遮挡不住（图 3-168）（图 3-169），山东东营市历史博物馆藏皆公寺造像碑，主尊释迦牟尼佛箕踞倚坐，叉开两腿（图 3-170）。

弥勒菩萨采取箕踞坐的坐姿，除了对传统的反叛外，可能也与传统的继承有关，那就是将北朝时期交脚的形式进行了些微的改革，在不改变裆部叉开的前提下，将交叉的双腿垂直放下。北朝时期的交脚弥勒一开始就没有像佛陀那样盘腿坐禅，而是在略微高一些的坐具上，将盘腿演绎成交叉腿。所以允许弥勒菩萨破例，大概有两种原因：一是弥勒年龄小，小孩子受不了佛陀的清规戒律，二是弥勒遵从佛陀的使命，先佛而死，到兜率天上去待命。把他的坐具抬高，让他坐得比他人高一些，其实是为了证明他在天上的位置，以区别人间的佛陀。但是到了唐代，这尊倚坐的弥勒没有交叉腿，而是以全身佛装的打扮，十分自信地坐在椅子上，这说明他已经下生到人间，接替了涅槃的佛陀，成为佛教世界新的主宰。但是，因为曾经的交叉腿，将裆部开张，弥勒佛仍然把膝盖向外张开，将本该遮挡严密的裆部完全

图 3-171　四川乐山大佛

图 3-172　西安碑林开元十八年弥勒

图 3-173　邛崃龙兴寺唐倚坐佛（四川大学博物馆藏）

对外开放，也多少有些不恭，有些违背传统礼仪规范。这是前无古人、后无来者的姿势，这种姿势也是唐代特别是自武则天以来至盛唐的典型表现。

比稷山弥勒造像早三十年的四川乐山大佛，也是一尊弥勒佛坐像，其开凿年代是唐开元元年（713），完成于贞元十九年（803），其坐姿也是将裆部露出，垂足倚坐。只是因为其体量太大，裆部的交叉不是那么明显（图 3-171）。西安碑林博物馆旧藏开元十八年（730）弥勒佛造像碑，主尊弥勒佛垂足倚坐，分开的裆部同样呈扇形叉开（图 3-172）。四川大学博物馆藏邛崃龙兴寺石造像，叉开的裆部虽然也很明显，但却以密集的衣纹掩饰了凹陷的裆部（图 3-173）。

垂足而坐，裆部叉开是人体生理所致，但如稷山那样夸张，则多少有些故意。而且，根据造像铭文和题记可知，这样一批叉开双腿、裸露裆部的造像多数出自武则天统治时期，延续到开元时期。所以在这样一个时期出现如此离经叛道的形式，应该与武则天对佛教的

图 3-174 西湖天龙山五代阿弥陀佛

图 3-175 西湖天龙山五代倚坐佛

影响有关，是武则天导致这样一种与传统大相径庭的坐姿流行。

五代佛像

五代时间短暂，其佛教造像风格基本上沿袭唐代，如西湖凤凰山慈云岭天龙寺阿弥陀佛结跏趺坐像，其盘起的两腿上的衣纹，左右仅仅三条，简约如此，可见一斑（图 3-174）。简约是五代造像的重要特征。

五代的倚坐佛像，秉承简约的风格，衣纹十分简练，如天龙寺造像主尊龛中的倚坐佛，其遮挡裆部的袈裟仅用两条弧线就清楚地交代了两腿之间服饰的关系（图 3-175）。

山西平遥镇国寺五代造像沿袭的是唐代五台山造像风格，万佛殿释迦牟尼、胁侍菩萨、弟子和天王等，都带有一股军人的气息，十分干练。释迦牟尼佛上身拉长，面颊也不再像唐代那样下

图 3-176　镇国寺万佛殿五代释迦牟尼佛

图 3-177　镇国寺万佛殿五代胁侍菩萨

图 3-178　镇国寺万佛殿五代胁侍菩萨

图 3-179 镇国寺万佛殿五代胁侍菩萨

图 3-180 镇国寺万佛殿五代天王

图 3-181 镇国寺万佛殿五代天王

垂方正，眉目也特别的清秀（图 3-176）。胁侍半跏坐菩萨身着铠甲，俨然一位青年将军。这样的表现方式，在菩萨的阵营里还真是独出心裁，比较少见（图 3-177）。胁侍站立的菩萨虽然没有身着军装，但一件披肩罩在袒露的上身，也显得格外潇洒英俊（图 3-178）。另一尊站里的胁侍菩萨，则如后室侍女，一副中年妇女的形象。虽然面部是女性，但其大尺度袒露的胸部显示的则是男性的特征，这种非男非女的表现方式，说明的是菩萨的无性无欲（图 3-179）。着装齐全的天王，无论是长者还是青年，虽其姿势、面容沿袭的是唐代的传统，但却比唐代更加精干利落（图 3-180）（图 3-181）。

五、宋辽金元佛像

宋辽金元佛像是造像史上又一个重要的转折时期，第一是作为主尊的佛陀离凡俗越来越远，越来越不食人间烟火，也越来越空洞、概念化、程式化了；第二是佛的部属们日益亲民，走进人间，走入世俗，贴近了生活，贴近了大众；第三是藏传佛教的模式走下高原，传统的印度和中亚、西域乃至草原民族的风格一去不复返，以青藏高原为核心的尼泊尔特征风靡天下；第四是观音菩萨遍布寰宇，备受推崇，且被融合到民间信仰的“娘娘”“老母”行列，成为最受欢迎的女性神灵；第五是佛教的禅净合一，导致了佛寺之中，弟子和罗汉合二而一，并以佛教界智者群体的身份备受钟爱，其姿态形象也千变万化。

宋代的佛像基本是唐代佛像的继承，没有太多的变化，如果有，那就是面相更加恬淡安静，姿势更加自由自在。这是禅宗的影响。

宋代罗汉像 相较隋唐，宋代石窟造像减少，单体造像碑和石造像也逐渐式微，寺院中的彩塑造像却如雨后春笋，蓬勃发展起来。现存宋代寺院，多见彩塑造像，其中罗汉彩塑，更是宋代彩塑中的翘楚。文献记载，宋真宗咸平四年（1001），在北宋首都开封的大相国寺里，500 尊铜铸的罗汉被安放进寺院。首都的行动，立刻在全国产生了重大的影响。济南近郊的灵岩寺作为唐宋“四大名刹”之一，除了用同样的方式铸造了永恒的铁罗汉外（图 3-182），也用彩塑塑造了众多的罗汉。其中保存至今的 40 尊罗汉，无论是整体的设计还是细部的刻画，无不惟妙惟肖，栩栩如生。透过逼真的彩绘，甚至可以看到皮肤下流淌的血管，衣褶下包裹的肌骨。

罗汉是佛陀世界的智者，他们之中既有释迦牟尼的忠实弟子，也有修习佛教的大德高僧。佛教的“罗汉”，就是智慧的象征，就是法力无边的代表，也是佛教徒终生修行的最高结果。从唐代

图 3-182　长清灵岩寺铁罗汉

开始，罗汉和菩萨一样被单列出来，成为佛教造像的重要成员，其数量从 16、18 一直扩充至 500 尊。数量的增加，是智者的增加，是佛教事业辉煌发展的体现，也让虔诚的佛教徒们修习佛教有了明确的目标。灵岩寺的彩塑罗汉中，既有释迦牟尼的第二大弟子阿难，也有三大译经师之首的鸠摩罗什，还有灵岩寺开山鼻祖朗公和尚。

灵岩寺 40 尊罗汉以造型的活跃、面相的端庄、神态的生动、服饰的华丽、技术的娴熟等（图 3-183），让我们领略了 11 世纪济

图 3-183　长清灵岩寺彩塑罗汉

图 3-184 东平司里山摩崖罗汉

南地区佛教的兴盛，领略了宋代禅儒融合的艺术精髓，也领略了民间艺人高超的彩塑能力和写实手法。山东东平司里山摩崖造像中的罗汉像，动作自然，衣纹流畅，少了很多矜持和威严，多了自由自在的人间气息（图 3-184）。嘉祐八年（1063）和治平三年（1066）题记表明，这些摩崖罗汉镌刻于北宋第四、第五代皇帝宋仁宗、神宗时期，和开封大相国寺铁铸罗汉的时代相去不远。完全以生活中不受约束的文人为模特，到了南宋时期，依然如故。如杭州西湖飞来峰南宋布袋弥勒周围的罗汉，姿势不一，神态各异，反映了罗汉群体的自由和随意（图 3-185）。

北宋时期社会上对罗汉的崇拜是受到了禅宗的影响，也是佛教造像从神到人的重大转折。灵岩寺到了宋代，完全成为禅宗的寺院，其中的彩塑罗汉彻底改变了以往不食人间烟火的神像模式，完全平民化、生活化了，老罗汉俨然就是寺院的方丈、住持，小罗汉则充满智慧和稚气。即如佛教十大弟子之首的阿难，也像一个聪慧可爱的小和尚，十分舒适恬然地夹杂在众多罗汉行列，倾听着大德高僧们的高谈阔论。这是宗教艺术世俗化的结果，也是宋代佛教造像最重要的风格表现。

宋代观音像 观音菩萨是西方三圣之一，自隋唐将其转身为

图 3-185　西湖飞来峰宋代罗汉

女性后，宋元明清更将其定格为中年妇女，以减少青年女性的美色和诱惑。如此一来，观音菩萨少了妩媚，却多了端庄，多了稳重，多了可亲可敬的慈悲善良。如杭州烟霞岭烟霞洞宋代观音菩萨，一改往日腰肢扭动的青春气息，转而为富态端庄的中年形象，其脸型和体形丰满稳重，一副恬淡朴实的村妇形象（图 3-186）。飞来峰青头自在观音，虽然身处丘壑，却并没有像佛陀那样正襟危坐，而是极其自然地一腿盘一腿曲，一手撑地，一手闲搭，自由自在（图 3-187）。这种不同于以往的很随意的坐式来自 8 世纪的印度，其形象后来被定义为“如意轮”观音坐式。如日本京都醍醐寺平安时代（794—1192）的如意轮六臂观音造像，右膝立起顶住右胳膊，右手支着头部，左手按在莲花座上，支撑着

图 3-186　西湖烟霞洞宋观音

图 3-187　西湖飞来峰宋观音

身体的稳定，左腿则仍然保持盘曲的姿势（图 3-188）。还有一种水月观音的坐姿，是将盘曲的腿分开，垂直耷拉到地。如 2010 年香港佳士得春拍的一尊木雕彩绘水月观音，支起的左腿上虽然还是搭着左手，但手臂已经不再去支撑头部，而是十分悠闲地搭在膝盖上，加上几乎全部袒露的胸部、赤裸的双足，女性的观音菩萨真是自在极了（图 3-189）。

观音的职责本来是观察世界痛苦之音，但到了宋代，却成为让人们观礼模仿的自在之身。这种不受约束、不受礼数、不循规矩的姿势，其实是一种生活方式，那就是无论身处何地，身居何位，心底清净就可以自在天地之间。自在观音形象的出现，和坐禅

图 3-188　日本京都醍醐寺平安时代如意轮观音

图 3-189　宋代木雕水月观音（香港佳士得 2010 年春拍）

的佛陀一样，都是为俗人树立的人生样板，让试图进入佛陀世界的凡夫俗子们效法学习，坐在哪里都行，采取什么样的姿势都行，不必拘泥，不必执着，自由最好，自在最乐。美国圣路易斯艺术博物馆收藏的一尊宋代木雕菩萨像，同样采取了自在的坐姿、沉思的表情、流畅而无拘无束的线条，其袒露的胸腹部俨然是一位潇洒的文人雅士，赤裸的双足则又像自由自在的罗汉、和尚（图 3-190）。加拿大安大略皇家博物馆藏金明昌六年（1195）木雕，其面相、体态极其丰满，完全是发福的中年女性（图 3-191）。之所以将观音菩萨塑造为这样的年龄段和体形，一是金朝来自北方，崇尚健康肥美；二是将其定为中年，可以消去女性的色相，以免引起非分的联想。让观者看着观音无欲无念，也正是造像者的根本意图。

此外，民间还有自己的认识，那就是在大慈大悲的观音圣像之外，尽可能多地展现其苗条秀美的朴素之美、无华之美。如一尊宋代影青瓷观音菩萨，其丰满圆润的面庞上，装点的是一双用篾席拉出来的细眼，格外喜庆，就像一位人见人爱的善良村妇（图 3-192）。

图 3-190　宋代木雕观音（美国圣路易斯艺术博物馆藏）

图 3-191　宋代木雕观音菩萨（加拿大安大略皇家博物馆藏）

图 3-192　宋代影青观音

辽代菩萨像　辽代佛像继承的是唐代的传统，佛像丰满健壮，神态自信安详，菩萨则身躯修长，无论是佛还是菩萨，都是面相浑圆，表现了草原民族的审美观念，和北齐造像的风格近似。如大同下华严寺薄伽教藏殿的胁侍菩萨，嘴唇肥厚，丰颊重颐（图 3-193）。另一尊坐姿的胁侍菩萨，胸脯丰满宽阔，面颊鼓起圆润如同北齐造像（图 3-194）。另外两尊站立的小菩萨，肩、胯略微扭动如“三道弯”式，稍现婀娜风韵（图 3-195）（图 3-196）。

金代佛像　金代佛教深受宋代影响，其造像则与宋代稍有不同，除了北方草原民族独特的健康饱满浑圆的身相特征外，其头

图 3-193	图 3-194
图 3-195	图 3-196

图 3-193　大同下华严寺薄伽教藏殿辽代胁侍菩萨局部

图 3-194　大同下华严寺薄伽教藏殿辽代胁侍菩萨

图 3-195　大同下华严寺薄伽教藏殿辽代胁侍菩萨

图 3-196　大同下华严寺薄伽教藏殿辽代胁侍菩萨

部面相则开始出现上宽下窄的变化，眉毛也呈八字眉的样式，如大同善化寺大雄宝殿毗卢舍那佛（图 3-197），以及胁侍弟子、罗汉和菩萨们（图 3-198）。这或许是造像者的个人审美取向。

元代佛像　元代的佛、菩萨造像走的是两条道路，一条是汉传佛教之路，坚持的是唐宋风格，无论是佛还是菩萨，都依然健

图 3-197　善化寺大雄宝殿金代毗卢舍那佛

图 3-198　善化寺大雄宝殿金代胁侍

康丰满；一条是藏传佛教之路，那就是尼泊尔风格，和汉传佛教形体特征不同，尼泊尔的佛菩萨们都是南亚的体形、面相，其腰部特别细瘦，挺胸提起，头脸部上大下小，或上方下圆，如故宫博物院藏元至元二年（1336）铜释迦牟尼坐像，其圆润的身躯和面部虽然有汉传佛教造像的意味，但头部的方正、腰部的细瘦、上身的加长则已经特别标新立异了，其胳膊、手也进一步细瘦，逐渐显现出南亚人的特征（图 3-199）。

山西洪洞县广胜寺上寺虽为明代重修，但大雄宝殿内的释迦牟尼却是元代所造，其面相、体躯无不丰满健硕，完全是唐宋的样式（图 3-200）。而在杭州西湖飞来峰，同样是元代的造像，却已经有了一些藏传佛教的因素。如元至元二十六年（1289）无量寿佛造像，虽然没有像藏传佛教像那样明显地拉长腰部，但其头

图 3-199　故宫博物院藏元释迦

图 3-200　洪洞广胜寺大雄宝殿元佛像

脸部的上方下圆却已与唐宋大相径庭（图 3-201）。另一尊阿弥陀佛像，除了头部的方正外，其腰部也开始加长提起。因为飞来峰位于西湖，是宋文化核心区，所以佛像的特征很大程度上保留了宋代肥硕圆润的风格，但也不可避免地要受元代造像风格的影响，在圆润与瘦长之间举棋不定（图 3-202）。

元代菩萨像　元代的菩萨像和佛像一样，也存在着两种风格，

图 3-201　西湖飞来峰元无量寿佛

图 3-202　西湖飞来峰元释迦

一些汉传佛教寺院，坚持的仍然是宋代的样式，如山西五台山佛光寺元代文殊菩萨（图 3-203）、洪洞县广胜寺上寺大雄宝殿文殊菩萨（图 3-204）、广胜寺的观音和大势至菩萨彩塑，还是那么健壮，其典型的腰身还是那么浑圆挺拔，草原民族崇尚的肚腩也依然豪迈地亮出（图 3-205）。稷山兴化寺壁画胁侍菩萨，从整个体形上看，和加拿大安大略博物馆收藏的木雕观音差不多，也是腰身四肢都很健壮（图 3-206）。但是在原平惠济寺的菩萨身上，这种唐宋的健壮逐渐被妩媚侵袭，如大佛殿两位胁侍菩萨，就在汉传佛像的基础上，悄悄地发生了一些变化，肚腩虽有，但腰身却已开始细瘦，胸膛也开始拔起。虽然无论是造型还是色彩都和宋代的差不多（图 3-207），但人物的形象也已略微瘦了一些，面部表情的自信心也略微弱了一些。如观音殿中的自在观音，身子长脸也长（图 3-208）。这也可能是一种个人风格，但藏传佛像中腰部的瘦长、挺拔却一直让人过目难忘。十二圆觉中的菩萨，时而单腿支起，时而跨步在台，完全没有了唐代那种大家闺秀的端庄雅致（图 3-209）。这种大跨度的动作姿势，让人们对传统妩媚的女性观音形象刮目相看。

图 3-203　佛光寺文殊殿元代文殊菩萨

图 3-204　广胜寺上寺大雄宝殿元代文殊菩萨

元代藏传佛教的菩萨和佛像一样，受尼泊尔影响，具有典型的南亚风格。如首都博物馆藏一尊藏传鎏金度母铜像，其身姿和面相与汉传佛像大相径庭（图 3-210）。元代藏传佛教坚持尼泊尔的传统，菩萨们终于恢复原状，腰也敢扭，胯也敢挺，甚至连脖子也敢扭动。南亚舞蹈中的“三道弯”动作在这个时期已经十分大胆地登堂入室，示范天下了。

图 3-205　洪洞广胜寺弥陀殿观音殿元代观音

图 3-206　稷山兴化寺元代壁画胁侍菩萨

图 3-207　原平惠济寺大佛殿元代胁侍菩萨

图 3-208　原平惠济寺观音殿元代十二圆觉

图 3-209　原平惠济寺观音殿元代十二圆觉

图 3-210　元铜鎏金度母像（首都博物馆藏）

六、明清佛像

明代佛像　明代佛像受浓郁的汉族文化影响，远追唐宋，其造型、服饰无不以恢复唐宋风格为上。但是，元代以来藏传佛教90多年的浸润，一时半会也难以涤荡净尽，因此在明代佛教系统之中，就不可避免地存在着两种流派：一种是尽量继承和模仿唐宋风格，一种是继续藏传佛教的血脉。在汉传造像体系中，坚持的是宋代的圆润和洒脱，表情端庄宁静。藏传体系中则更多的是尼泊尔造像的传承。与此同时，亦汉亦藏，既有中土汉传佛教风格，又融合尼泊尔特征的新形象也时隐时现。

汉传佛教造像风格最典型的是山西明代寺院彩塑。如新绛福圣寺弥陀殿中的阿弥陀佛像，整体风格十分大度大气，具备浓厚的唐宋风采，其宽阔的胸怀、肥硕的躯体、自信的表情、简练流畅的衣纹，无不是唐宋传统的延续。但是，头部的方正，也使其在自觉不自觉中接受了元代造像上方下圆的程式（图3-211）。同样风格的还有繁峙的公主寺后大殿中的释迦牟尼佛像，其浑圆的面庞、伟岸的躯体、端庄的表情，处处都是宋代的韵味（图

图3-211　新绛福圣寺弥陀殿明阿弥陀佛

图3-212　繁峙公主寺后大殿明释迦牟尼佛

3-212）。长治观音堂中的释迦牟尼佛像，虽然带有鲜明的塑造者个性，但浑圆的躯体、头部和手臂，也依然是宋代的圆润和丰满，但精气神则大为逊色，完全没有了唐宋的自信和气度（图3-213）。

藏传佛教系统的造像则和山西寺院中的风格大不相同。如2006年香港苏富比秋拍英国斯匹尔曼收藏的一尊明永乐年间（1403—1423）铜镀金释迦牟尼佛像，虽然整个形体比较丰满，但腰部已经明显细长，脸型也明显上宽下窄（图3-214）。这种造型在明代一些寺院中司空见惯，如山东济南市长清区灵岩寺千佛殿中的卢舍那佛，同样也是这样的形式，不同的是斯匹尔曼收藏的佛像脸部还具有宋代的方正圆润，而千佛殿的卢舍那佛则明显带有尼泊尔色彩，头部上方下圆，脸型上宽下窄。天津文物公司收藏的明代早期铜漆金不空成就佛像，瘦长的腰身、上宽下窄的脸型，无不带有鲜明的元代造型风格，虽然其面相特别是腮部有些丰满，但细长的胳膊和上肥下瘦的耳朵等，都与汉传佛教造像大相径庭（图3-215）。首都博物馆收藏的明宣德年间（1426—1434）宫廷造铜镀金释迦牟尼佛像，无论是体形、面相还是坐姿、手相，都具有鲜明的尼泊尔风格。首先是瘦长的腰身，提起的胸部，继承的是元代的传统，其次是瑜伽式的双盘坐姿，也是典型的南亚姿势，还有细长的手指、洞穿的耳垂以及宝塔状的螺髻、又细又弯又长的眉毛，都是受到尼泊尔的影响（图3-216）。2010年香港佳士得

图3-213　长治观音堂观音殿明释迦牟尼佛

图3-214　2006年香港苏富比秋拍明永乐佛像（英国斯匹尔曼藏）

图3-215　明早期铜漆金不空成就佛（天津文物公司藏）

春拍的明宣德御制铜鎏金无量寿佛坐像，佛的腰身细瘦拉长，脸部虽然也较饱满，但整个脸型还是上宽下窄的做法（图 3-217）。中国社会科学院民族学与人类学研究所收藏的 15 世纪铜镀金无量寿佛像，其腰身瘦长的夸张，寻遍汉传佛教造像也找不出这种样式（图 3-218）。另外，2010 年香港佳士得春拍的一尊宣德御制铜鎏金无量寿佛像，和上述佛像大同小异（图 3-219）。

图 3-216　明宣德金铜无量寿佛（首都博物馆藏）

图 3-217　明宣德铜鎏金无量寿佛（2010 年香港佳士得春拍）

图 3-218　15 世纪铜镀金无量寿佛（中国社会科学院民族学与人类学研究所藏）

图 3-219　明宣德鎏金无量寿佛（2010 年香港佳士得春拍）

明代罗汉像　明代的罗汉像以山西汉传佛教寺院最典型。如繁峙公主寺前殿的十八罗汉，年轻的罗汉犹如童子，脸型圆润丰满，细皮嫩肉（图 3-220），年长的则多了一些肌肉的块面（图 3-221），多了一些沧桑感。但无论是年少还是年长，都继承宋代的明快和庄重，少有南亚的影响（图 3-222）。长治观音堂中的十八罗汉，虽然更具民俗的纯朴，但饱满健康的体形和圆润的面庞，也都是唐宋以来的悠久传统（图 3-223），区别之处是明代的形象较之唐宋时代，少了很多的气魄和自信，多了一些民间的雕琢和修饰，尤其是服饰的图案和色彩，带有十分浓郁的民俗气象（图 3-224）。新绛福圣寺弥陀殿的罗汉，造型更接近宋代

图 3-220　繁峙公主寺前殿明代罗汉

图 3-221　繁峙公主寺前殿明代罗汉

图 3-222　繁峙公主寺前殿明代罗汉

图 3-223　长治观音堂观音殿明代罗汉

图 3-224　长治观音堂观音殿明代罗汉

图 3-225　新绛福圣寺弥陀殿明代罗汉

图 3-226　灵石资寿寺罗汉殿明代罗汉

的写实风格，但服饰的处理没有观音堂那么精雕细琢，而是以简单的色块涂抹，显示了明代民间造像的潦草和应付公事（图 3-225）。同样风格的还有灵石资寿寺罗汉殿中的罗汉，其眉目的清秀、服饰线条的流畅，和宋代几乎一模一样，很难区分。这也说明民间彩塑传承的稳定（图 3-226）。

明代菩萨像　明代的菩萨以观音为最常见，其中有“倒座观音”（南海观音）、水月观音、白衣观音、杨柳观音以及千手观音等等。较之唐宋时期的观音菩萨，明代的变化之处是将引导人们走进佛国的观世音转变成了独立拥有佛国世界的主宰，并明确其道场就在舟山群岛的普陀山。在寺院中的位置，除了胁侍主尊阿弥陀佛外，更主要的是站在大殿的背后，以“倒座观音”的身份，演绎着波浪滔滔的海上观音的世界。诸如白衣大士、杨柳观音等，在民间寺观庙宇之中更是比比皆是，凡有庙宇，必有观音娘娘的一席之地。曾经是神仙主宰的王母娘娘，也因此被民间善意地附会上观音的色彩，并将观音菩萨的职责附加进去，观音和娘娘合二而一，模糊为观音娘娘，使其身兼佛、道、

图 3-227　明洪武十八年木雕水月观音菩萨（美国大都会博物馆藏）

神仙数职，让其无所不能，无所不通。如美国大都会博物馆收藏的一尊明洪武十八年（1385）木雕水月观音菩萨像，其丰满的胸部和脸部，虽然有唐宋的传统，但其民间韵味十足，尤其是浑圆的脸庞和下垂的腮帮，鲜明地表现了明代立国后，民间反元情绪的流露以及对宋代文化的复古和追忆（图 3-227）。元朝九十年的统治，特别是藏传佛教造像风格的流行，不能不割裂唐宋造像传统。明初尽管想从制度、文化、风俗等方面完全恢复唐宋，但毕竟流水已逝，几代人过去，原汁原味的唐宋风格也只能继承一些皮毛，形似神不似。这是明代汉传佛教造像与唐宋风格的根本区别。

明代的观音，是解民于倒悬的主宰，是万众之神。所以，在其表情姿态上，就特别地被赋予了宽宏大量的气度和胸怀，静如泰山的神情和心态。如山西平遥双林寺南海观音，就十分镇静地

图 3-228　平遥双林寺菩萨殿明代菩萨

稳坐在波涛汹涌的海浪之中，给人们以极大的安慰（图 3-228）。新绛福圣寺弥陀殿南海观音表现的是自天而降的形态，观音赤足站在一朵祥云之上，稳稳地落脚在波涛滚滚的南海之中，同样是波涛汹涌的环境，同样是心静如水的表情，两相对照，显示了观音菩萨处惊不乱的气度和魄力（图 3-229）。两位南海观音，一坐一立，体态都很丰满，服饰也很飘逸，形象地展示

图 3-229　新绛福圣寺弥陀殿明南海观世音菩萨

了观音菩萨的明代风韵。

作为胁侍的观音菩萨，如新绛福圣寺弥陀殿中的形象，其体形犹如一位中年妇女，极为丰满健壮（图 3-230）。将观音菩萨定格为中年女性，一位慈祥的母亲形象，应该与民间娘娘信仰有关。如明代万历年间德化窑所塑造的一系列观音菩萨形象，表现的都是一派端庄、贤惠的女性之美（图 3-231）。2007 年纽约

图 3-230　新绛福圣寺供养菩萨

苏富比拍卖的万历德化窑观音（图 3-232）、2010 年斯图加特纳高的何朝宗印款渡海观音（图 3-233）、2011 年伦敦瀚斯拍卖的何朝宗印章观音坐像（图 3-234）、2009 年 12 月科隆兰佩尔茨拍卖的何朝宗印观音坐像（图 3-235），其形象无不面相圆润，温文尔雅，即使另一种材料和形式的观音像，如北京慈寿寺万历十五年（1587 年）的石刻鱼篮观音，也同样是这一风格（图 3-236）。

图 3-231　明万历德化窑观音（山东博物馆藏）

图 3-232　2007 纽约苏富比拍明万历德化窑观音

图 3-233　明何朝宗印德化窑渡海观音

图 3-234　17 或 18 世纪何朝宗印观音坐像

图 3-235　17 世纪何朝宗印观音坐像

图 3-236　北京海淀区慈寿寺明万历十五年石刻鱼篮观音

作为寺院彩塑的观音形象，大致还是沿袭着如意观音的路数，姿态比较随意一些。如平遥千佛殿如意轮观音，其坐姿极为自由潇洒，身躯也随着元代的细瘦而细瘦，面庞也因此而成瓜子的形状（图 3-237）。繁峙公主寺前殿的如意轮观音，其坐姿将支起

图 3-237　平遥双林寺如意轮观音

的右腿架在了左腿上，身躯和面部都呈现着浑圆的韵味，一如同寺院的其他彩塑（图 3-238）。最无拘无束的观音是长治观音堂的观音们，这里的观音们支着腿的有，抱着腿的有，架着腿的也有，个个随心所欲，自由自在（图 3-239）。观音坐姿、动作的自由随便，虽然是自在观音、如意轮观音的教义表现，但更多的恐怕还是与明代观音信仰的普及有关，与观音职责的扩大有关。民间将观音如此打扮，其实就是希望他走下神坛，走进民间，为民造福，与民同乐。

千手观音是密宗的形象，到了明清时代，多见于藏传佛教造像体系，但汉传佛教寺院之中也时常可见千手观音的踪影，如平遥菩萨殿的千手观音，就其整体造型完全是汉传佛教造像的风格，虽然其面庞明显具有元代上宽下窄的风格，但其眉眼却依然坚持了汉传佛教的传统，没有受尼泊尔样式的左右（图 3-240）。

如前所述，明代观音菩萨信仰家喻户晓，其形象也逐渐定型。特别是到了明末清初的十七、十八世纪之交，观音菩萨和观音老母、娘娘等概念不谋而合，如瓷塑大家何朝宗所塑造的观音菩萨像，就是一个典型的中年女性，其端庄的站姿坐姿、慈祥的面容面貌、不食人间烟火的超人特征，定格了此后人们对观音菩萨的形象认识。无论是渡海还是坐禅，乃至持经、坐岩等场合和姿势，观音菩萨都是微微垂首、目不斜视、温良贤惠、庄重老成的样子，

图 3-238　繁峙公主寺前殿明代观音

图 3-239　长治观音堂观音殿明菩萨

图 3-240　平遥双林寺千手观音

其衣着装束也是简练干净、朴素无华。

明代藏传菩萨像　明代的藏传体系菩萨，不但名称各异，其造型也与汉传佛教体系不同。如首都博物馆藏明代早期铜镀金莲花手菩萨像，其细瘦的腰身、肥硕的胯部，就明显地带有南亚的风格（图 3-241）。故宫博物院藏明宣德铜镀金持经观音菩萨像，腰身细瘦，身躯右倾，头部略微左歪（图 3-242），这种身体右倾的做法和布达拉宫管理处所藏明代金刚亥母鎏金铜像几乎如出一辙（图 3-243），是时代的风格和审美趋向。即如耳熟能详的文殊菩萨，在藏传佛教造像体系中，也同样被赋予了鲜明的雪域特色：腰瘦身长，宝塔形的发髻，细眉长眼，如布达拉宫管理处藏文殊菩萨鎏金像（图 3-244）。另一尊普贤菩萨，眼睛虽然更

图 3-241 明早期铜镀金莲花手菩萨（首都博物馆藏）

图 3-242 明持经观音菩萨像（故宫博物院藏）

图 3-243 布达拉宫藏明金刚亥母鎏金铜像

大，但整个面相都是南亚的妩媚，少有汉人的韵味（图 3-245）。受藏传佛教影响的造像如 2011 年香港苏富比拍卖的明宣德十年（1435 年）款鎏金南海观音像同样也是腰身细瘦，面颊上宽下窄（图 3-246）。2011 年香港苏富比拍卖为五觉斋收藏的黄铜鎏金水月观音的腰身更加细瘦，深受西北印度斯瓦特河谷造像风格影响（图 3-247）。

藏传佛教造像自成体系，其基本特征是腰身细长，菩萨多扭

图 3-244 明文殊菩萨铜像（布达拉宫管理处藏）

图 3-245 明普贤菩萨鎏金铜像（布达拉宫管理处藏）

图 3-246 明宣德十年款鎏金南海观音（2011 年香港苏富比春拍）

图 3-247 15 世纪黄铜鎏金水月观音（2011年香港苏富比秋拍现藏五觉斋）

动腰肢，做舞蹈动态，眉眼细长，如同南亚少女。但因类型太多，已有金申等专家专门著作述及，可以参考。

清代佛像　清代继承明代作风，汉传佛教寺院，还是以彩塑为主，所不同于明代的是，造像的风格渐趋草率，人物神态也没有了顾盼生辉，雷同的多了，自由发挥的少了。金铜佛像以宫廷制造水平最高，仍然以藏传风格为主。这是因为清朝初期十分重视边疆民族的文化，因而在康熙、乾隆两朝宫廷所造鎏金铜佛像风格上，都特别用心仔细，基本风格还是明朝藏传佛教的体系，不同之处是身躯更趋丰满健壮一些。布达拉宫管理处收藏的强巴佛鎏金铜像，佛冠犹如戏剧中的凤冠，带有明显的时代特征，其高挑的细眉，已和明代大相径庭（图 3-248）。乾隆时期黄铜释迦牟尼佛像，眉毛高挑，鼻梁挺直，耳垂硕大（图 3-249）。紫

图 3-248　布达拉宫藏清强巴佛

金利玛释迦牟尼佛右胸坦露，右手下垂作与愿印，明显是斯瓦特风格的继承（图 3-250）。台湾乐从堂收藏的乾隆宫廷造红铜合金无量寿佛，其面相的清净，身躯的细瘦干练，无不具有鲜明的尼泊尔造像特征（图 3-251）。藏传佛教造像风格之外，民间的

图 3-249　乾隆时期黄铜释迦牟尼佛（故宫博物院藏）

图 3-250　乾隆时期紫金利玛释迦牟尼佛（故宫博物院藏）

图 3-251 清乾隆宫廷造红铜合金无量寿佛（台湾乐从堂藏）

图 3-252 18 世纪释迦牟尼（2012 年 10 月 9 日香港苏富比拍卖）

造像如释迦牟尼、观音、罗汉等等，德化窑影响力犹在，如 2012 年香港苏富比拍卖的 18 世纪德化窑释迦牟尼瓷像，其身相和面相也还都是明代的作风（图 3-252）。

清代的菩萨像 清代的菩萨像和明代一样，也是汉藏两种风格。藏传佛教菩萨主要是金铜像。汉传佛教则既有彩塑，也有陶瓷，其中尤以德化窑的作品为典型。布达拉宫管理处藏四臂观音木像，其身躯不再那么夸张的细瘦了，面相也更加圆润，虽然也是上宽下窄，但因为腮部的丰硕而显得十分端庄（图 3-253）。同样，布达拉宫管理处藏的绿度母鎏金铜像，虽然身子、脖子也是扭动的表现，腰身也瘦长，但面

图 3-253 清四臂观音木像（布达拉宫管理处藏）

图 3-254 布达拉宫藏清绿度母像

部和前述木雕观音类似，其手臂也粗壮起来（图 3-254）。北京故宫博物院藏金刚萨埵像，整个身躯都很丰满端庄，身躯也少有

图 3-255 清金刚萨埵铜像（故宫博物院藏）

动态，面相也缺少了妩媚（图 3-255）。罗布林卡所藏的清代十一面观音鎏金铜像，除腰部较细外，上下身都很丰满结实（图 3-256）。

2013 年纽约佳士得拍卖的清末日月轮观音瓷像，与明代何朝宗风格极为相似，不同的是身上的衣纹和璎珞更加复杂一些（图 3-257）。2013 年纽约佳士得网拍（图 3-258）和春拍（图 3-259）的两

图 3-256 罗布林卡藏清千手观音

图 3-257　清末如意观音（2013 年 7 月纽约佳士得网拍）

图 3-258　清鱼篮观音（2013 年 6 月纽约佳士得网拍）

尊鱼篮观音瓷像，与前述德化窑观音像异曲同工。同样风格的还有斯图加特纳高拍卖的 19 或 20 世纪带有“许云麟制”印章的骑龙观音瓷像，也是德化窑的传统（图 3-260）。

图 3-259 清鱼篮观音（2013 年香港佳士得春拍 流拍）

图 3-260 19 或 20 世纪“许云麟制”印章骑龙观音（2011 年 11 月斯图加特纳高）

后 记

自从1982年毕业论文选了有关佛教的题目后，三十年来始终没有放弃对于佛教文化的学习兴趣。作为亚洲影响最大的宗教，佛教文化已经像基因一样深深地植根于中华民族，植根于中国这块肥沃的土地上，尤其是农耕社会的方方面面，几乎无不打上佛教的烙印。当第一尊佛教造像进入中土后，中国的造型艺术几乎也无不以佛教艺术为核心，为主干，贯穿着世俗生活的衣食住行。认识和了解佛教形象，有助于加深对中国传统文化的了解和理解，也有助于陶冶自己的情操和素养。

感谢千百年来设计师和造型艺术大师为我们留下了众多绚丽夺目的佛教艺术形象，让我们得以目睹历史的风采，直观历史的面貌，领略历史的博大精深。也感谢现代出版事业，将那么多精彩的佛教形象出版发行。惭愧的是在拙著所选图片中，部分图片采自他人，无法和拍摄者、出版者取得联系，希望看到此书的时候，及时和我联系，以便真诚致谢并支付稿酬。不到之处，敬乞谅解。书中线图除注明外，均为本人摹绘。

张从军